保育士よちよち日記

お散歩、お昼寝、
おむつ替え…
ぜんぜん人手が
足りません

大原綾希子

まえがき――正解がない仕事

保育の現場には〝正解〟がない。

▼集団保育中、園児が「やりたくない」とぐずり出し、やさしく諭しても「いやだ」の一点張り。

▼給食をほとんど残して、まったく食べようとしない。

▼園の方針が、自分の保育観となじまず、子どもたちと接していても「このやり方でいいのか」と感じている。

……こんなとき、保育士*はどう対応するか。

学生のころのように、教科書のどこかに答えが載っていて、それを答案に書けば、という話ではない。子どもの数だけ個性があり、日々の出来事や体調、生育環境や保護者、社会情勢（コロナなどの感染症を含む）などでも対応方法は変わってくる。保育士たちはみな正解を持たずに悩みながら、自分なりの「子どもとの

保育士
児童福祉法にもとづく国家資格を持ち、保育所や児童養護施設などの児童福祉施設で子どもの保育に従事する。1999年以前の正式名称は「保母」。1999年4月の児童福祉法の改正実施により、男性・女性どちらにもふさわしい名称として「保育士」に改められた。

向き合い方」を導き出そうと日々努力している。正解がない仕事だからこそ、「子どもとの向き合い方」は自分たちで決めるしかない。

私の知っている保育士の多くは、新卒で保育士として採用され、保育現場で悪戦苦闘してきた人たちである。人の命を預かるという重責を背負いながら、保育士たちはギリギリの人員*で、到底さばききれない膨大な業務をこなす。事務仕事や催し物関連の作業、会議や研修も多い。子ども一人一人としっかり向き合いたいと思っていても、そうできないことがある。われわれ派遣保育士が派遣されるのは、そのような保育現場である。

私の経歴は後述するが、40歳をすぎて一念発起して保育士試験を受験し、合格した。その後、長年勤めた職場を離れ、保育業界に身を転じた。私は、子育てをひととおり経験するまで他人の子どもを預かることはできない、と考えていたから、わが子がある程度成長するのを見計らって飛び込んだ。シングルマザーとしてワンオペ育児をこなすため、私はあらゆることを取捨選択せざるをえなかった。保育現場もまさにそんな職場だった。

ギリギリの人員
保育士不足を補うため、現場には「看護師」資格を持った人が保育士同様に勤務している。世間話をすると「元は看護師で」という人が結構いる。保育現場は、こうした「看護師」や「子育て支援員」を動員することでなんとかまわっている。

認可保育園
保育施設は、大きく分けて「認可保育園（認可等を受けて運営する保育所）」と「認可外保育施設（認可を受けずに運営する保育施設）」に分類される。「認可保育所」は、配置基準や施設の広さ、設備など、国や自治体が定める基準を満たし認可を受けた施設で、公費や補助金により運営される。これに対して、「認可外保育施設」

これまで、派遣保育士として十数カ所の認可保育園*で勤務してきた。1日だけの勤務もあれば、9カ月間勤めたこともある。そして今も現役の保育士である。

保育士の仕事のやりがいは、保育士になってみて初めてわかる。どのような仕事も多分にそうした面があると思うが、保育士はことのほかそういう側面が強い気がする。私たち保育士が向き合っているのが、〝子ども〟という「人生でも特別に大切な一時期」だからだろう。

保育業界には特有の慣習がある。子どもの世界と大人の世界が混在し、カオスになっている場面にも数多く遭遇する。本書には、私の目から見た、そんな保育現場のあれこれを、良いことも悪いことも包み隠さず描いた。本書にあるのはすべて私が実際に体験したエピソード*である。

保育士たちは、子どもたちの安全と安心のために日夜、奮闘し続けている。そんな保育業界のリアルな姿を一人でも多くの方に知っていただければ嬉しい。


は保育士の配置基準などが厳しくなく、公費が入らない（ただし、自治体が独自に定めた基準を満たすことで補助金を受けている施設もある）。「認可外保育施設」には、24時間保育を行なうところも。なお、私がこれまで勤務した保育所はすべて「認可保育園」である。

実際に体験したエピソード
すべて私の実体験であるが、人名、保育園名はすべて仮名としている。また、私は現役の保育士でもあり、登場人物の特定を避ける観点から、園児や保護者の年齢、人物像などは改変、脚色をほどこしている。

保育士よちよち日記◉もくじ

第2章　保護者には言えない話

第3章　どうしても好きになれない子

装幀◉原田恵都子（ハラダ＋ハラダ）
イラスト◉伊波二郎
本文校正◉円水社
本文組版◉閏月社

第1章

保育士の多忙すぎる日々

某月某日　使えなくて困るのよ…人手不足という現実

バスを降り、歩いて15分のところで保育園が見えた。

私は園庭のすぐ隣にある玄関を抜け、ロッカールームに通される途中で、その園の絵本棚*を見た。絵本棚は本棚の体裁を保っていなかった。整理整頓が何カ月もされていないことは明らかだった。慢性的に人手が足りない保育園に共通することは、絵本棚が著しく乱雑なことだ。

保育着に着替えながら、私は悪い予感が的中しなければいいと願った。

「すみません。今、担当の保育士が子どもたちと一緒に散歩に出てしまって」

60手前だろうか、細身で白髪まじりの園長だった。

「辺鄙《へんぴ》な場所*でしょう。通勤に不便だから、とにかく保育士が集まらないのよ。派遣の人でさえなかなか来てくれないの」

そう言うと園長は大きなため息をついた。自宅から、電車とバスを乗り継いで

絵本棚
子どもたちに人気なのは、絵柄が大きくカラフル、話の内容がウィットに富んでいて楽しい、動物がキャラクターとして登場するなどなど。『おむすびころりん』『3びきのこぶた』といった定番から、『パンどろぼう』『しろくまちゃんのほっとけーき』や「ノンタン」シリーズなどが人気である。

辺鄙な場所

1時間以上、遠路はるばるやってきた私はうなずいた。

さまざまな保育園に派遣されているが、人手不足の真の理由は立地ではない。どれほど交通の便が悪くても、良い園には良い保育士*が集まっている。

「今日一日、よろしくお願いします」

「ええ、こちらこそ、お願いね。本当に人が足りなくて、一日だけでも入ってもらえると本当に助かります。本当は毎日でも来てもらいたいぐらいで……」

園長は、言葉の端々に「本当」を添えた。

「散歩に出ている子どもたちが、もうすぐ帰ってくると思うんですけど……」

二人で古いアナログの壁掛け時計を見上げた。時計はちょうど10時半を指している。午前10時から午後5時までの契約なのに、早くも30分がすぎている。手持ち無沙汰だった私はさきほど見た絵本棚の整理を申し出た。

「はい、はい。やっていてくださって構いませんよ」

怪訝《けげん》そうに顔をのぞかれたが、やることがないから仕方ないと思ったのだろう、二つ返事で承諾された。

働きやすい保育園には保育士が集まり、子どもたちにたくさんの絵本を読み聞

戸建て住宅が密集する住宅地の保育園などは鉄道の最寄り駅が遠かったりする。バスで2停留所ほどの距離だと通勤手当が出ない場合もあり、マイカーや自転車通勤が認められない派遣保育士にとっては時給単価が下がる要素の一つ。

良い園には良い保育士
派遣保育士にとって「良い園」とは「働きやすい園」のこと。どれだけ崇高な保育理念が謳われていても、勤務する保育士の処遇が劣悪では「絵に描いた餅」にすぎない。忙しい現場ではトイレ休憩すら自由にとれず膀胱炎になる保育士が少なからずいる。休憩する場所も少なく、保育園によっては狭い更衣室で食事をとる場合も。

かせる。子どもたちはお気に入りの絵本を毎日眺めては保育士に「読んで」とせがむ。絵本には子どもたちの愛着が備わって大切にされるから、絵本棚は整理整頓され、絵本の補修も日常的に行なわれる。あちこちの園で勤務をするうち、こうした法則があることに気がついた。だから、私は新しい園に派遣されると、まず絵本棚を探す。絵本棚が保育園の内情を語ってくれる。

私は絵本棚の前に座り込み、最初の一冊を引き抜いた。『おおきなかぶ』という絵本だった。『おおきなかぶ』はたいていどこの保育園にも置いてある。けれども、これほど痛々しい姿をしたものは初めてだった。遊び紙は破かれ、背表紙も中身も破れてボロボロである。セロハンテープであちこち補修*されているが、貼られた箇所は劣化して黄色く変色している。

どの本も、開けばカビのニオイがした。子どもたちに絵本を読み聞かせる余裕がないことがすぐにわかる。慢性的な人手不足という背景があるから、私のような派遣保育士が必要とされる。

傷んだ本を揃えながら、私はどう修復しようか考えていた。人間関係を修復することにくらべれば、物理的な補修で終わる仕事である。

あちこち補修
セロハンテープは時間が経つと劣化して変色し、割れて剥がれる。そのため、通常は補修専用の糊やテープを利用するのだが、予算がない（あるいは絵本への愛情がない）園ではセロハンテープで補修する。絵本の補修具合でも園の内情がわかる。

突然、玄関で何かがぶつかる音がした。

「もういや！」

玄関扉が開くなり、大泣きした男児が中に転がり込んできて、事務室にいた園長が駆け寄った。

「散歩*に行く前からグズッてたのよ。歩く途中もお友だちを押したり蹴ったりするものだから、『先に帰りなさい』って言ったら、逆ギレして」

担任とおぼしき保育士が園長に説明した。

「ところで、あなたは認可保育園で働いたこと、あるの？」

ふいに園長が私に尋ねた。私があまりにも不憫《ふびん》な表情で男児を見ていたからかもしれない。

「認可園での勤務は当然ありますが、保育士になってまだ数年なんです。社会人になってから国家試験*を受けて保育士になったもので」

私の経歴は後述するが、派遣保育士の前は、ある会社に22年にわたって勤務していた。在職中に保育士試験に合格し、退職してから保育士になった。

「そうだったの、国家試験の人は使えなくて困るのよ。何も実務知らないから

散歩
保育園の「散歩」は子どもたちに適度な運動をさせ、交通ルールや社会性を学ばせる目的がある。近年、散歩中の園児の列に車が突っ込む死亡事故があとを絶たないが、交通安全への配慮だけでなく、熱中症や日焼け対策も重要視され、現場の負担は少なくない。

国家試験
保育士資格を取得するには、大きく分けて2通りの方法がある。(1)厚生労働省に指定された保育士の養成施設（大学・短大・専門学校）を卒業すること。養成施設を卒業すれば、無試験

……。どうしてあなたみたいな人を派遣したのかしら」

「そうでしたか。養成学校卒業の保育士さんを希望されていたのですね」

私は共感の言葉を返しながらも、心では落胆していた。

〝使える保育士〟というのは、どういう保育士をいうのだろう。子どもたちが安心してすごせる保育園の土台は、人と人との信頼関係だ。職員同士が信頼し合い助け合って子どもたちの成長を支える。先入観で人を判断し、信頼できないと最初から決め込んでは、築けるはずの信頼関係も築けないのではないか。

「では、今から派遣元に連絡して、今日はこれで失礼させていただくことにします」

私がそう言うと、園長はさすがにまずいと感じた*のか、

「そんなこと言わないで。せっかく来てくれたんだから」と言いおいて、事務室から出て行ってしまった。

私がその場に立ち尽くしていると、別の保育士から声がかかった。今日入るクラスの担任だった。

「ここのクラスをお願いします」

で保育士資格は取得できる。

(2) 国家試験を受験して合格する。

(1) と (2) の比率は、年代によって異なる。保育士登録者のうち、若い人ほど (1) の割合が高く、年を追うごとに (2) が増えてくる。通学することが難しい社会人は、国家試験を受験して資格を取得するのは当然といえば当然であろう。現場で保育士に聞くと、8~9割が (1) である。

まずいと感じた
派遣保育士の場合、派遣先で問題があれば、派遣元に報告する。不適切な事例について派遣元から、当該保育園を所轄する市区町村の担当部署に苦情があがる場合もある。

人手が足りないという現

ようやく私は担当するクラスに通された。1歳児6人に保育士が2人。子どもたちのほとんどが鼻水と涙を垂れ流している。おんぶひもで背負われた子も、ベビーチェアに横たえられた子も、誰かに助けを求めるように泣きじゃくっていた。人手が足りないという現実*がそこにはあった。

午後5時、私はその日の仕事を終え、保育園をあとにした。園長の口ぶりでは二度と声はかからないだろう。人手不足が余裕をなくし、余裕のなさがさらなる人手不足を招く。悪循環である。バス停までの道のりが、来たとき以上に遠く感じられた。

某月某日　どういうわけか派遣保育士：あこがれの職業

大学を卒業して就職したのは大手の人材派遣会社だった。広告制作を担当し、やりがいもあったが、残業続きの生活がたたって身体を壊してしまった。半年ほど静養したあと、9時~17時で働ける職場を探し、某団体の臨時職員として雇用

実　厚生労働省によれば、令和4年4月における東京都の保育士有効求人倍率は2・56倍。全職種平均の1・17倍とくらべると、依然高い水準で推移している。給与が高くないうえに、肉体的負担や責任の重さ、業務の多忙さなどから二の足を踏む人も。指定保育士養成施設卒業者のうち、約半数は保育所に就職していない。

された。1年ほどすぎたところで正職員として採用され、事業部を皮切りに、総務部や経理部にも配属された。最終的には総務部に落ち着いて、そこで10年以上、他部署が担当できない業務を幅広くさせてもらった。身につく知識やスキルも多様で、育児への配慮を惜しみなくしてくれる職場*だった。長女と次女の出産にあたり、産休と育休をそれぞれ2度ずつ取らせてもらった。その後、シングルマザーとなった私の状況も考慮してくれ、出張や残業のない部署での時短勤務、飲み会への参加も強制されなかった。仕事や職場に不満があったわけではない。

しかし、就職して十数年がすぎたころから、時代の変遷とともに職場の雰囲気も変わっていった。古き良き時代の牧歌的な上司は年々減っていき、給与は上がらなくなった。

「今の仕事、本当にやりたくてやってる?」

仕事に漠然とした迷いを抱えていたある日、中学時代からの友人にそう聞かれた。「うん」と答えることができなかった。

そして、退職しようと決め、保育士試験の準備に取りかかった。独りよがりの身勝手な思いだったが、これまでお世話になったご恩を職場に返すのではなく、

職場
職場に自分の代わりはいても、母親の代わりはいないとは思うものの、同い年の同僚がキャリアを重ねていくのを見ていると、焦りにも似た複雑な気持ちが生まれてくるのも事実だった。

社会に返そう＊と決意した。

まだ小学校に入学したばかりのころ、私の住むマンションの同階のお宅３軒に次々に赤ちゃんが生まれた。偶然にも３軒ともにそれぞれ３歳の子どもがいて、私は自然とその子たちと一緒に遊ぶようになった。バッタやコオロギをつかまえたり、ヨウシュヤマゴボウの扁平な実をつぶして赤紫色のジュースを作ったり、私は子どもながらに、３人の３歳児を喜ばせるのが大好きだった。

マンションのすぐ下が公園で、母親たちはときおり公園を見下ろしてはそこで遊ぶわが子の無事を確認し、赤ちゃんの子守りや家事に勤しんでいた。

３人の母親たちは、

「いつもつきっきりであきちゃんが遊んでくれるので、本当に助かります」

と私の母に頭を下げ、感謝してくれた。

ある日の夕食後、テレビを観ていると、後ろから母に声をかけられた。

「あきちゃんは子守りが本当に上手ね。将来は保育士やね」

私の存在すべてが肯定された気がして、飛び上がらんばかりに嬉しくなった。

社会に返そう
当時、待機児童問題がクローズアップされ、その対策として保育所が雨後のタケノコのように乱立、保育士不足が深刻になっていた。

でも、すぐに喜ぶのは恥ずかしくて、生返事をしてテレビを観続けた。この言葉は今でも私の中に鮮烈に刻まれている。

幼少期の体験から、保育士は私にとってあこがれの職業の一つであったが、大学で就職活動を始めたころ、私の選択肢に保育士は入っていなかった。

「きつい、汚い、危険」の3Kと言われたり、それに「帰れない、厳しい、給料が安い」をくわえて6Kなどと揶揄《やゆ》される職業をなんとなく忌避していたのだ。

それでも保育士へのあこがれは私の中にくすぶっていた。友人による何気ない言葉が、私に火をつけてしまったのだった。

保育士になった私はある保育園に正社員として入社した。すでに40歳をすぎていたし、社会人経験もあったので、「幹部候補生」という待遇だった。社会保険が完備され、基本給は額面で27万円、年2回の賞与もあり、年収だと360万円ほどになった。

意気込んで飛び込んだあこがれの職場だったが、入職して数日が経つと違和感を覚えるようになる。

保育園を運営しているのはNPO法人で、その理事長は50代の女性だった。彼女は保育士たちに自分の旦那を「マスター」と呼ばせていた。なぜ「マスター」かといえば、その旦那が以前、居酒屋を経営していたからだという。

「マスター」はたびたび保育園に現れ、保育士たちに〝指導〟した。園内では、園長よりも、保育の素人である「マスター」の指示が優先された。理事長の威を借りた「マスター」は高圧的に保育士たちを支配していた。

入職して5日目の夜に職員会議があった。私は深夜まで会議に出席しなければならず、残業となった。理事長に確認すると「その残業代は払えない」と言う。残業代の未払いは法律違反*ではないかと問うと、苛立ちをあらわに「あなた以外に出席しているみんなはそんなこと言いませんよ」と言った。

翌6日目に理事長に退職する意思を伝え、7日目には退職願いを郵送した。退職を迷うことは一切なかった。

結局、たった1週間で、正社員として働き始めた保育園を辞めることになった。保育現場で園児たちと接したのはわずか5日だった。

それでも保育士を続けようと思った。

＊残業代の未払いは法律違反
大学時代には法学部で労働法関連を学び、社会人となってからも就業規則を扱う部署で労務管理の勉強もした。保育現場では、自分が勤めている保育園の就業規則を目にしたことがないという保育士がほとんどで、休憩時間にレクチャーしてありがたがられることも。

万一、おかしな保育園だったら、すぐやめればいい。そう思わないと、次の一歩を踏み出すことができなかった。

こうして私は派遣保育士を選んだのである。

某月某日　違和感のゆくえ：オーバーリアクションの理由

保育士になりたてのころ、ある保育士を見ていて、リアクションの大きさに違和感を持ったことがある。

子どもが園庭*でダンゴムシを見つけた。ブドウの絵を上手に描いた。給食のニンジンが食べられた。それらすべてに「すごいね〜！」と大喝采である。

「すごいね〜！　おしっこ出たの〜！　やったぁ〜！　すごいじゃん!!」

絶賛の大声が扉ひとつ隔てたトイレから聞こえてくる。声の主は大野美由紀さんだ。大野さんは30代半ばのクラスリーダー*で、ヒッヒッヒという大きな引き笑いが特徴だ。

園庭
園庭は、四季折々、自然の変化を体感できる遊び場でもあるが、都市部の認可保育所では3分の1程度が園庭を持っていないという。地価が高い都市部では用地の確保が難しいのだ。国の面積基準を満たせない場合には代

「え〜！　自分でパンツも穿《は》けるの〜！　すっごーい。かっこいい〜！」

子どもの声は聞こえないが、満更でもないのだろう。着々と用を足している様子が伝わってくる。

「この前も、ひとりで穿けたもんね〜！　すっごいよね〜!!」

自分にはできない大仰すぎるリアクションが耳障《ざわ》りで、私は少しだけ苛立っていた。

ある日、市ノ瀬涼子さんから「保育実習の反省会*のとき、声がけが少ないと言われたことがあって」と言われ、相談に乗るかたちになった。市ノ瀬さんは専門学校を出て働き始めたばかりの新人保育士で、2歳児クラスを受け持っていた。

もしかすると、まだよちよち歩きの保育士である私をベテランだと誤解しているのかもしれない。

「子どもは好きなんですけど、自分が過度に反応されるのが嫌なので、どうしても見守るっていうか、口数が少なくなってしまうんです。リアクションもどんな感じでとればいいのか、よくわからなくて」

そう言ってため息をつく。

替地（近くの公園など）が利用可能だが、近隣保育所の園児や、幼稚園に通う母子たちとかち合うことも多い。

クラスリーダー
複数担任制が導入されている保育園に必要となる役職（主担任）。保育に携わり数年が経つとまかされることが多い。保育計画を立てたり、同じクラスの保育士の中心的存在となって、指示を出したり仕事の割り振りを行なう。必ずしもベテラン保育士がなるわけではなく、若手保育士を育てる意味合いもある。園によっては役職手当がつき、当然キャリアアップにもつながるが、保護者対応などもあり、責任の重さから引き受けたがらない保育士も。

反省会
学生が、保育実習日の最

「市ノ瀬先生、リアクションは人それぞれでいいんじゃないですか」

大野さんのことが頭をよぎり、私は自分に言い聞かせるようにつぶやいた。

「私は子育てで自分の子にしていたのと同じように園児にもリアクションします。園児たちをひとり残らず愛するには、その方法しかできません」

そんな話をしていると、大野さんから声がかかった。

「大原先生、ちょっと来てもらえますか？」

おむつ替えをしている大野さんのところへ行く。

「ゆういち君がこのおむつは嫌だって言うんです。衣類棚から、宇宙船のおむつを持ってきてもらっていいですか？」

ゆういち君は、電車のマークがついているおむつがどうしても嫌らしく、足をバタバタとさせて拒否する。大野さんの懐柔策《かいじゅう》が、ゆういち君お気に入りの宇宙船おむつなのだろう。私はおむつの引き出しから宇宙船のおむつを取り出して、ゆういち君のところに持っていく。

「これかな、ゆういち君？」そう言ってゆういち君に宇宙船のおむつを渡すと、納得したように受け取ってくれた。


後に反省や感想を述べたりする場。実習に入ったクラスの保育士や園長先生から感想や意見をもらう。市ノ瀬さんは専門学校の実習で入ったクラスで、先輩保育士に「声がけ」について注意されたことを気に病んでいた。

「ありがとうございます！　良かったね〜、ゆういち君！　大原先生、探してきてくれたよ〜。ありがと〜って！」

ゆういち君はまだうまく言葉が出てこない。ほかの子どもたちがだんだんおしゃべりできるようになっても、一人だけ言葉が遅れている。* 言葉が出ない分、手が出てしまうこと* もあり、保育士たちは注意深く見守り、気持ちを汲み取りながら接していた。

「大野先生のリアクションは本当にいつも大きいですね」

半分は当てつけだった。

「あ〜、私ですか〜。そうなんですよ〜！　リアクションも声も大きいって、よく言われます〜。ヒッヒッヒ〜」

「ののてんてい〜」おむつを穿きかえたゆういち君が大野さんの背中に抱きついた。

大野さんはおんぶするように背負いながら、「さっきは良かったね〜、宇宙船のおむつ、ママがちゃんと入れてくれてたね〜」と微笑んだ。ゆういち君は嬉しそうにうなずいた。ゆういち君は大野さんが大好きなのだった。

言葉が遅れている
2〜3歳になると急に言葉が発達する。そのため、同じクラス内でもよく話す子とあまり話さない子の差が大きくなってくる。言葉が遅いと親は不安になるが、たいていは「単純性言語遅滞」といって、あとから急激に成長して追いつく。まれに「発達障害」や「知的障害」が原因の場合もある。

手が出てしまう
ひっかいたり、つかんだり、つねったり、叩いたり…とさまざま。ケガを負った子どもへのケアはもちろんのこと、それを見ていた周囲の子どもたちも驚いてショックを受けることがあるので未然に防ぐことが何より大切である。

なるほど、言葉が遅いゆういち君にとっては、大野さんの大きなリアクションがすっと届くのだろう。大きなリアクションは、耳の聞こえにくい人に大きな声で話すのと同じことなのかもしれない。私は大野さんの背中に安心して頬を寄せるゆういち君の笑顔を見てそんなふうに思った。

「ゆういち君。大野先生のおんぶ、いいなあ。ヒッヒッヒ〜」私は大野さんの笑い声を大げさに真似てみせた。

「あ〜、てんてい、ののてんてい」

彼が「(大原)先生、(今の笑い方は)大野先生(の真似でしょ)」と言っているのだと私にはわかった。

言葉だけのコミュニケーション*には限界がある。私たちは、伝え切れない思いを大げさな身振り手振りで誰かに伝えようとするのかもしれない。オーバーリアクションが心地良く思えるようになったのは、それからである。

言葉だけのコミュニケーション
ベテラン保育士の多くは、表情や声のトーン、話す速度、ジェスチャー、視線などを駆使して園児と関わっている。なかには女優さながらの保育士もおり、その演技力に心底驚かされる。園長クラスになるとさらに名女優である。モンスターペアレントまでも懐柔してしまう演技力は見事である。

某月某日　消毒、消毒、消毒：むなしくて、辞めちゃいたい

「大原先生、消毒は大丈夫ですか？」

派遣元・ラナチャイルドの担当者にそう問われた。

「消毒って、おもちゃのですよね？」

私は質問の意味がよくわからず、なりゆきで返答した。

「ええ、そうです。前任の方が消毒作業*による手荒れの悪化でお辞めになってしまって……。その後任をお願いしたいのです」

ラナチャイルド社は、人材派遣会社としては歴史があり、保育施設や育児支援施設の運営も行なっている。この派遣会社に登録して3年になる私の雇用形態は「非正規・有期契約」である。時給は１４００円から始まり、現在は１８００円になった。

保育園の消毒作業は、派遣保育士に割りふられることの多い仕事の一つだ。消

消毒作業
園によって消毒方法は多少異なる。通常は塩素系消毒薬を希釈し、布で遊具を拭き取る。しかし、人手が足りない園などではスプレーボトルで消毒液を噴霧するだけのところもあった。乳児はおもちゃを頻繁になめるので毎日拭く。消毒薬は感染症予防に効果はあるが、使用方法を誤ると有

毒液を浸したタオルで、子どもたちが使った（なめた）おもちゃを一個一個、丁寧に拭いていく。

「大丈夫ですよ。ゴム手袋*とか、していいんですよね？」

担当者は「もちろんです」と安心したように声を弾ませた。

配属されたのは鷲平《わしひら》保育園の2歳児クラスで、契約期間は3カ月、週に3日の勤務だった。勤務初日、早々に常勤保育士からおもちゃの消毒を指示された。

じつは、私は消毒作業が嫌いではない。どの園でもしていたし、慣れてもいた。一人静かにおもちゃを磨き、ただその作業に没頭していると心が落ち着いてくる。まるで禅宗の修行僧のようにただ黙々と無心で作業に集中する。考えようによっては、空調の整った部屋で座ってできる消毒作業は〝おいしい仕事〟ともいえる。実際、炎天下で交通整理をしたり、工事現場で重い資材を運んだりすることとくらべれば、恵まれた仕事だろう。

2歳児クラスの消毒を終えると、常勤保育士から矢継ぎ早に次の指示が出た。

「大原先生、それが終わったら、幼児クラスのおもちゃもお願いね」

害になることもあるため、消毒時は子どもを別室に移動させるか、消毒者が移動する。厚生労働省から通達は出ているのだが、必ずしも遵守されていないような…。

ゴム手袋
保育園から支給されることもあるが基本的には自腹で購入することになる。私は用途によって使い分けているので3種類ほど持参している。

言われるままに幼児クラスに行った。そこには大量の組み立てプラスチック玩具があり、派遣保育士の是川《これかわ》さんが消毒作業をしていた。

２歳児クラスの担当のはずなのに、幼児クラスのおもちゃまで消毒しなければいけないのか。きっとこれが派遣元が言っていた「前任の方」が辞めた理由なのかもしれない。

コロナ禍の最中、日々大量のおもちゃが消毒に回される。子どもたちが昼寝をしているあいだ、派遣保育士はひたすらおもちゃを消毒する。子どもたちが昼寝から覚めるまでになんとしても消毒作業を終えなければならない。

一緒に作業を始めると、是川さんが愚痴り*始めた。

「私、保育に入って子どもと関わる時間より、消毒してる時間のほうがずっと長いんですよ」

是川さんが泣きそうな顔で私を見た。ブリーチして色を入れた栗色の髪がパサつき、毛先が箒のように広がっている是川さんは20代後半、派遣として私より１カ月早くこの保育園に勤務している。

「そんなに消毒ばっかりしてるの？　保育に入っているのどのくらい？」

愚痴
派遣同士で愚痴り合うことはよくある。是川さんいわく、前の園では先輩保育士のいびりに遭い、そのことを派遣元に報告したら派遣切りにあったという。さらに最後の出勤日にその先輩保育士から「あんた、いじめ甲斐がなかったわ」と言われたという。話を聞いていて、貧乏くじを引きやすい人なのだろうと同情した。

「1日に1時間あるかないかです。あとは、ずっと消毒、消毒、消毒なんです」

曲がりなりにも保育士資格を持った保育士が、ほぼ一日中、園内で消毒作業に従事している。保育士不足が社会問題化している中、こういう作業は国家資格を持った保育士でなくてもできるのではないかとふと思う。

「あなたの分までやってあげたいわ。でも、そういうわけにはいかないんだよね」

派遣保育士たちの仕事は、派遣された園によって細かく決められている。自分たちで勝手に役割を交換したり、許可なく手伝ったりしてはいけない*。役割交換で業務がどれほど効率化できるとしても、「保育の世界に効率はない」と注意されるのがオチだ。

「私、保育士で入ったんですよ。毎日こんな作業ばっかりでなんのキャリアにもならないし、むなしくて、もう辞めちゃいたいです*」

「わかるよ。でも、給料は一緒だからさ。子どもの保育を真に支えているのは、私たちみたいな保育士じゃないかな」

自嘲気味に慰《なぐさ》めにもならない言葉をかけた。是川さんはしぶしぶ納得した様子

許可なく手伝ったり
ある保育園で、ほかの保育士がテーブルを片づけていたのを見て、それを手伝ったところ、常勤保育士が近づいてきて「誰の指示でやっているんですか？」と詰問された。指示もしていない仕事をするなということなのだ。互助の精神とは無縁なのである。

もう辞めちゃいたい

だった。

幼児クラスの消毒作業が終わり、結果を常勤保育士に報告した。

「え？　今までやってたの？　時間かかりすぎよ。そんなに時間かけなくていいから」

次の仕事を頼みたかったのだろう。なかなか戻ってこない私に、嫌味の一つでも言ってやろうと思ったのか、わざと大げさに肩をすくめてみせた。

それにしても、ほかの保育士たちはあれだけの量を、あの作業時間ですべて消毒したというのか。

後日、たまたまその常勤保育士が消毒作業を行なっていた。私は自分の仕事をするふりをして、その様子をそっと目で追ってみた。

彼女は見事にやっている〝ふり〟をしていた。消毒用タオルでおもちゃを次から次へと素早く撫でていった。その方法で、本当に消毒できているのか疑問でならなかったが、おもちゃは次々と消毒済みの箱に積み上がっていった。

ただ、きれいにしすぎるのも良いことばかりではないと思う。子どもというのは雑多な菌にまみれて免疫を獲得していくという考え方もある。消毒したふりを

保育士なら一度は口にする言葉かもしれない。本当に辞めるかどうかは定かではないが、心を許した相手にしか発せられない言葉であり、私は親近感を覚えたのだった。

するのは、その保育士の信念かもしれない。そんなふうに自分を納得させた。

保育園という組織の中で、自分に与えられた仕事を粛々とこなしていく。派遣保育士の多くはそう割り切って、今日も仕事と向き合っている。

某月某日 パンツのままで：派遣保育士の哀しみ

給食が終わって、お昼寝の準備を始めたときだった。

担任保育士の堀川さんが、こまえちゃんと園児用ロッカー*の前でもめている。

「おむつにしない！」

「でも、お昼寝のとき、おしっこ出ちゃうでしょ？　お布団濡れたら困ると思うんだけど？」

3歳になるとおむつは外れ、パンツですごす子*も増えてくる。そんな中、おむつを卒業した友だちの様子を見て、昼寝前の着替えを嫌がりはじめたのがこまえちゃんだった。自分だけおむつにするのが恥ずかしいのだ。

園児用ロッカー
あらかじめ決められたシンボルマークを貼り、園児自身も自分の場所がわかるようにしてある。着替えや予備のタオル、紙おむつを入れておく。基本的に保護者が管理することになっていて、ロッカーの整理整頓具合で家庭の様子も垣間見られる。

「イヤ！　絶対、パンツ！」

こまえちゃんはおもらしを週に2～3回してしまう。これまでもおむつを穿きたくないという希望どおりにパンツのまま昼寝して、布団を濡らしてしまったことが数回ある。それもあって、堀川さんはお昼寝前のおむつを勧めているのだ。

「イヤ、イヤ、イヤ～！」こまえちゃんのぐずりに根負けしたのか、担任の堀川さんが言った。

「わかった。パンツにしよう。でも、途中で起こすから、ちゃんとおトイレに行ってね？」

「うん！」

笑顔で自信満々のこまえちゃんを見ながら、まずいことになりそうだと思った。

こまえちゃんは寝つきが悪く、寝起きも悪い。なかなか寝ないうえ、目覚めたばかりはとにかく機嫌が悪い。途中で起こしなどしたらきっと大騒ぎだろう。しかも担任の堀川さんはこの日、昼から研修で出かけてしまうと聞いていた。あとを引き受けるお昼寝当番*はこの私なのだ。

「大原先生。こまえちゃん、パンツのままで寝るそうなので、お昼寝の途中で起

パンツですごす
夏場は紙おむつは蒸れて暑くなるので、夏を境に日中はパンツですごす子が増えてくる。

お昼寝当番
お昼寝当番は、乳幼児突然死症候群（SIDS）をはじめ、子どもの窒息死を未然に防ぐために呼吸確認（ブレスチェック）を行ない、表に記録する。0歳児は5分に1回、1～2歳は10分に1回のように、年齢ごとに確認の間隔が決まっている。最近は、園児の布団や衣類などにセンサーを取り付けるとチェック表へ自動的に記録され、異常時（うつ伏せ寝や体動停止など）にはアラートを出してくれる画期的なシステムもある。

こしてトイレに連れて行ってもらえますか？」

「わかりました」

指示を受けた以上、「できません」と反論できないのが派遣保育士の哀しさである。

今からこまえちゃんを説得しておむつを穿かせることは不可能だろう。だとすれば、あえて起こさずにこまえちゃんがお漏らしをしないことを祈ったほうがいい。こまえちゃんがお漏らしをする確率は50％、途中で起こして大泣きされる確率は100％だからだ。

私は堀川さんが出かけていったあとで、主任*の中田さんに確認した。

「こまえちゃんがパンツのまま寝るというので、堀川先生から『途中で起こしてトイレに連れて行ってください』と言われました。でも、こまえちゃん、途中で起こすと大泣きしますし、本当に起こしちゃって大丈夫でしょうか？」

担任とはいえ保育士歴2年の堀川さんと違い、経験豊富な先輩格の中田さんである。「無理して起こす必要はありません」と指示を訂正してくれるものと期待してのことである。

主任
園によってもさまざまであるが、この園では複数担任制をとっており、1つのクラスに2名の担任がいた。その上司にあたり、各クラスを束ねる立場が「主任」だった。

「はい、お願いしますね」

中田さんがあっさりとそう答え、私の望みは早々に打ち砕かれた。

午後2時、こまえちゃんはスヤスヤと寝入っている。昔から「寝た子を起こすな」というではないか。

「こまえちゃ～ん、起きて～」

ぐっすりと眠るこまえちゃんの肩を揺する。

「ぎゃぁあぁぁうぅぅ～！」

予期したとおり、言葉にならない寝起きの悲鳴が保育室に響いた。

叫びたいのはこっちだよと思いながら、なんとかあやそうとするが、安眠を妨げられた*こまえちゃんは尋常ではない。

「堀川先生と約束したよね。パンツだから起きるって、聞いているよ」

「いやぁうあぁぁうぅぅ～！」

ただでさえ寝起きが悪いのに、寝入りばなに起こされたこまえちゃんは自分でも混乱して、何がなんだかわからないようだった。

安眠を妨げられた
台湾では、夜遅くの騒音で近隣住民の安眠を妨害した女性に、不眠などの症状を引き起こしたとして「傷害罪」で有期刑が下されたそうだ。裁判官は「睡眠は個人の健康に関わり、他人から過度の干渉を受けない睡眠を取ることは、すべての人の適法な権利である」としたという。昼寝の中断は子どもの〝権利〟を妨げることだと考えるのは私だけだろうか。

「ちがうの～！　ちがう～!!」

トイレに連れて行くと、ブレイクダンスのように床に寝転がり、全身での猛抗議が続く。

「どうしたんですか？」

そこに他クラスの保育士がやってきた。こまえちゃんの大泣きが数メートル離れた隣のクラスまで響いていたのだろう。

「気持ちよく寝ていたのを起こしたものですから」

5歳児クラスの常勤保育士・下原さんが、こまえちゃんを抱え上げる。

「どうしたの、どうしたの。起きたくなかったの？　そりゃそうだよね～」

下原さんは「これだから派遣保育士は」と言わんばかりの表情でこちらを一瞥し、抱っこしたこまえちゃんの背中をさすりながら、そのまま保育室を出て行った。

某月某日　にらめっこ：マスクを外した顔

２０２０年初頭、新型コロナウイルス感染症が世界的に流行し、それから保育現場では、保育士たちのマスク姿が定着していった。あれから３年以上が経つ。

今日、ほのかちゃんとのにらめっこ中のことだった。

「にらめっこしましょ、あっぷっぷ」

私はマスクを一瞬外した。マスクの下の化粧*はくずれていただろうが、この勝負、背に腹は替えられない。顔をクシャッとしかめ、前歯を思い切りむき出しにした〝勝負顔〟をほのかちゃんに見せつけた。

「きゃ〜！」と、ほのかちゃんが後ろにのけ反り、両手両足で数歩後退したかと思うと、身体を反転し、地面を這うようにして逃げ出した。

「え？　ほのかちゃん？」

マスクの下の化粧
マスクをすると冬場の乾燥から肌を守れるものの、夏場は汗まみれになり、あせもができて困った。若い保育士の中にはここぞとばかりアイメイクに工夫を凝らす者もいた。

ほのかちゃんは、もうすぐ3歳の誕生日を迎える女の子である。いつもマイペースで、みんなが食事を始めてもひとりでおままごとをしている。ゴーイングマイウェイ*だが、ことのほか愛嬌があって可愛い。そして、なぜか私のことをとても好いてくれているのである。そのほのかちゃんの予想以上のリアクションに私は驚いた。

ほのかちゃんたちはマスク世代である。世の中、老いも若きもマスクをしていて、彼女たちにとっては生まれたときからマスクをつけた顔が「ふつうの顔」なのだ。マスク顔が当たり前の彼女にとってマスクを外した変顔はことのほかインパクトがあったのかもしれない。

逃げ出したほのかちゃんは距離を取りながら、こちらの様子を興味津々にうかがっている。

「せんせ〜、もう1か〜い」

脅えつつも、期待いっぱいの笑顔である。

「もう1回よ〜」

ほのかちゃんと目を合わせつつ、私は口元のマスクをつまんでずり下げると同

ゴーイングマイウェイ
保育園には集団保育になじめず、みんながいっせいに行動するときでも一人だけ別の行動をとる園児も当然いる。無理やり一緒に行動させようとすることは虐待に近づくおそれもあり、保育士の判断で温かく（あるいはあきらめて）見守っていることが多い。

時にさきほどと同じ変顔をした。いや、ほのかちゃんのリアクションに興が乗ってきた私の変顔はさきほどの2割増しだったかもしれない。

「ぎゃ〜!!」

ほのかちゃんは今度はすぐに後ろを向いて駆け出した。

ほのかちゃんの悲鳴に、周囲で見ていた子どもたちも同じように逃げ始めた。自分も追いかけてもらいたくて、わざと私にちょっかいを出す子までいる。園内に歓声とも悲鳴ともつかない大声が響きわたる。

興奮して走りまわる子どもたちを見ながら、ケガの懸念を抱いた。これ以上走りまわると、誰かが間違って転んだり、ぶつかったりしそうな状況である。

そもそもこういう禁じ手の遊び*をする保育士はこの園で私ぐらいである。担任の保育士も言いたいことはあるだろうが、表面上は優しく見守ってくれている。それは私の安全配慮が行き届いているからにほかならない。どれほど子どもが喜ぶ遊びでも、保育園ではデンジャラスな香りが漂えば即終了である。

にらめっこももう終わり。私はほのかちゃんを室内用の小さな滑り台に誘った。

それにしても、私のマスクを外した顔はそんなにも怖いものなのだろうか。

禁じ手の遊び
保育園では子どものケガ予防のため、危ない遊びを禁じる。しかし、子どもの心身の発達という点で考えたとき、高いところから飛び降りたり、身体をぶつけ合う戦いごっこをつねに禁止するのが正しいことなのか、私には確信が持てない。力加減や協調性などは子どもが身をもって学んでいくことだからだ。しかし、保育園で「子どもの遊びにケガはつきもの」という論理は通用しない。いかにギリギリの遊びをするか、悩みどころである。

にらめっこ以来、私が水筒で水分補給をしようとすると、園児たちが注目するようになった。保育士の水筒は専用の棚に置いてあり、のどが渇けば自由に飲める。だが、誰かに見られながらグビグビ飲むのも気がひけるので、棚の開き戸の陰でこっそり飲もうとするのだが、隠れた私をのぞき見るようにほのかちゃんがやってくる。

「せんせ〜、お茶、飲んで〜」

「ほのかちゃん、そんなに見られてると恥ずかしくて飲めないよ」

「だめだめ〜、はやく飲んで〜」

どうしてもマスクを外させたい、マスクを外した顔を見たいほのかちゃんとの心理戦である。ほのかちゃんはキラキラした目で私を見つめ続けている。

「あっ、お日さま、今日もニコニコしているね〜」

私が外を指さしてそう言うと、ほのかちゃんはつられて窓の外に目を向けた。その隙にマスクを下げてゴクリ。すぐにマスクを元に戻す。

「あ〜、せんせ〜、飲んじゃった〜」

心から残念そうにそう言うので、「コロナだからマスク外せないんだよ〜」と伝えると、ほのかちゃんはそれ以上は求めてこなかった。子どもながらにマスクを外すのはダメと理解しているのだ。

この数年、保育現場で子どもたちとアイコンタクトを多用してきた。「そのおかず、苦手なの？」「（お昼寝のとき）トントンいる？*」「悲しかったね」「うんちが出なくてつらいね」……。アイコンタクトだけでも意思疎通が図れることも実感した。

とはいえ、笑ったり怒ったり、好きだとか嫌だという感情を伝えるのに、口元は欠かせない情報だろう。誰はばかることなく、マスクなしに思いっきり変顔を披露できる日が一日も早く来ることを願っている。

某月某日　正規VS非正規：園内ヒエラルキー

保育士として雇用されている職員の雇用形態はさまざまである。

トントンいる？
園児の「寝かしつけ」は意外に重労働である。３歳をすぎると簡単にお昼寝しなくなり、保育士が寝かしつけないと入眠できない子も少なくない。寝かしつけの際、保育士はそれぞれに技を持っており、工夫を凝らして入眠させる。「トントン」もその技の一つで、子どもの身体を「叩く」のではなく、揺らすように小刻みに「押す」のがポイント。園児の中には「トントンいらない」と一人で寝たがる子もおり、私は事前に「トントンいる？」と子どもの了解を得てからトントンすることにしている。

「正規職員」のほかに、「非正規職員」である契約社員、パート、アルバイトがいて、われわれのような派遣会社からの派遣保育士もいる。

パートや派遣などの非正規職員は「保育補助*」という仕事をすることが多い。ただし保育補助という仕事の内容は園によってさまざまだ。

「保育に関わることならなんでもさせることができる」のが「保育補助」だと私は思っている。クラス担任が時間的にできないこと、したくないことは全部「保育補助」に丸投げする。必然的に保育園の中には、正規職員である保育士が〝上〟、それ以外の非正規保育士が〝下〟というヒエラルキーが生まれる。だから、保育補助を行なう保育士は従順でなければ勤まらない。逆らうことはおろか、意見を述べることさえしない人も多い。

ところが、あざみ保育園の住吉さんは違った。彼女は週3日だけ勤務する、20代半ばのパート保育士だったが、まるでジャンヌ・ダルクであった。

2月のある日のこと、正規職員の保育士・真鍋さんが、子どもたちの前で地団駄を踏みながら、顔を真っ赤にしてすすり泣きを始めた。30そこそこで大柄な彼女は気が強く、とりわけ非正規の保育士に高圧的*に接していた。私は派遣として

保育補助
保育士の資格がなくても従事できる。掃除や洗濯といった保育以外の雑務を担当することも多い。無資格なので仕方なく保育補助をしている人もいるが、雑務が好きで楽しんで働いている人もわりと多い。子育て中の主婦、親と同居の若年者、年金暮らしの高齢者など、じつにさまざまである。

高圧的

この保育園に入って1カ月がすぎていた。

私は同じフロアにいたが、突然のことに驚いて遠目から見守ることしかできない。真鍋さんの顔は上気して赤らみ、両目から涙がこぼれ落ちている。保育士の地団駄をものともせず、子どもたちが自分たちの遊びに興じているのは幸いだった。

別の常勤保育士が、泣いている真鍋さんを室外に連れ出し、事情を聞いている。

「どうしたんですかね？　子どもたちの前で地団駄踏む保育士をはじめて見ました」

私は呆然としながら、住吉さんに話しかけた。住吉さんは何食わぬ顔をして、

「ああ、私が言い返したので悔しかったんじゃないですか」と言った。声のトーンまで冷たく凍っている。

「何、言ったの？」

「いや、たいしたことじゃないですよ。食事を終えて泣き続けている子がいるのに私の仕事にケチつけるから、『そんなこと言う前に、泣いている子どもをなんとかしてあげたらどうですか』って言っただけです」

誰でも余裕がなくなってくると言葉がきつくなったり、ストレスを下の立場の人にぶつけたりするものだろう。私が知る限り、こうした態度を後輩たちが見聞きして受け継ぎ、そのまた後輩へと引き継がれ、園の雰囲気が醸成されていく気がする。

住吉さんはパート保育士としてこの保育園に勤めて2年、正規職員の真鍋さんと勤続年数はほとんど変わらないはずだ。だが、二人のあいだには「正規」と「非正規」という大きな壁がある。

「あの人、いっつも私に文句言うんです。自分は子ども泣かしてばっかりのくせに。私がほかの非正規と違って言い返すから、目の敵にされてるんです」

園に入ってまだ日が浅く、保育士同士の人間関係まで把握しきれていなかった私はただうなずくしかなかった。

夕方、パートの住吉さんが帰ったあとで、私は何気なく真鍋さんに声をかけた。

「今日はたいへんでしたね。つらいこともありますよね、いろいろと」

真鍋さんの目の奥に、憎悪の色が垣間見えた。

「あの人だけはほんとにむかつくんです。まあ、でも、もういいんです。私、別の園に異動になるんです。新年度になれば、彼女と会うこともうなくなりますから」

真鍋さんは4月から、同じ区内の別の保育園に異動になることが決まったのだという。自転車での通勤圏内に住む、パートの住吉さんに異動はない。

私のこの園への派遣期間は３カ月。契約が終わると同時にこの園を去り、真鍋さんとも住吉さんとももう会うことはないだろう。それでも真鍋さんから異動の話を聞いてなぜかホッとしていた。

「そうですか、それは良かったですね。新しい園でも頑張ってください」

心から真鍋さんにそう伝えた。

保育業界で離職を考える人の大半は、人間関係*に不満がある。実体験としても、多少、理不尽な仕事をさせられても、信頼できる上司に頼まれたらなんとか勤まるものだし、薄給であっても人間関係が良好であれば続けられるものだ。

そういう意味でも、派遣保育士は派遣期間が決まっている場合が多く、人間関係がリセットしやすい。淡々とした人間関係を好む私のような人間にはうってつけなのである。

人間関係
女性が多い職場なので陰湿ないじめがあるように思われるかもしれないが、私が知る限り、そうでもない。公立園では園長をトップとした厳格なヒエラルキーがある。また、先輩・後輩、正規・非正規、未婚・既婚…と保育士の属性が多岐にわたってもいて、細やかな気遣いは求められる。人間関係を円滑にするため、長期休暇取得後は小袋の菓子持参で「休暇ありがとうございました」とあいさつしてまわるのが若手保育士の通例。

某月某日　**刺激的な時間**：お昼寝タイム、賛否両論

保育園のお昼寝タイム。可愛い子どもたちの寝顔にうっとりしながら、保育士たちが連絡帳を書いたり、季節の壁飾りを作ったり、平和な時間が流れる。

……そんなわけがない。これほど刺激的な時間がほかにあるだろうか。

あざみ保育園では年長クラスにも昼寝が〝強制〟されていた。年長といえば、翌年は小学生になる子どもたちである。保育園によっては年長クラスの昼寝を日課から外し、子どもたちの自由時間として設定しているところもある。そんな彼らの昼寝の光景はなんとも刺激的である。

あざみ保育園では、スペース的な制約からか、3歳児から5歳児までが同じ部屋に入って眠る。つまり、40人ほどが冷凍マグロのように*ずらり並んで寝るのである。それを3名ほどの保育士が寝かしつける。遊びの余韻が残っていて、子どもたちは布団に横たわっても寝つけない。隣同士でふざけたり、話したり、まる

冷凍マグロのように
都心の保育園の場合、保育室は狭く、布団が重ならないよう敷きつめるの

で修学旅行の夜である。

とりわけ年長にもなると、昼寝が不要な子*も少なくない。休みの日は昼寝をしない子も、保育園にくれば強制的に寝かしつけられる。保育士が寄り添うためにそばに行っても「あっち行って」と言う子どももたまにいる。私などはホイホイと遠ざかって見守っているのだが、担任の保育士は「じゃあ、早く寝て！」と鬼の形相である。

保育園の昼寝については、賛否両論がある。乳児の昼寝は必須としても、年長クラスの昼寝が本当に必要か、あちこちで議論されている。保護者からも「あれは保育士さんのお昼休憩のため」などと陰口を言われたりして評判が良くない。

自らの子育てでの実感としても、保育園で昼寝した日は夜更かしすることも多い。保育園で身体を横たえて休む時間は多少あってもいいと思うが、2時間も強制的に昼寝をさせる必要などどこにあるのだろう。そう思うものの、派遣保育士の立場で、そんな意見を述べるわけにもいかない。

午後2時、寝ない子たちと保育士のバトルがスタートする。その日は雨天で屋

も一苦労となる。寝返りをすれば両隣の子にあたるし、寝相が悪ければ隣の子の顔を蹴ってしまったりする。当初は冷凍マグロのごとくきれいに横たわっている子どもたちも、時間の経過とともに列が崩れてくるため、保育士がその都度、体勢を整えたり布団をかけ直したりする。

昼寝が不要な子
同年齢でも幼稚園では昼寝なしのところも多い。園によって異なるが、一般的に5歳児クラスだと就学が近づいてくる時期にお昼寝タイムをなくす園がある。4歳児クラスは微妙で、寝る子と寝ない子が混在する。

外に出られず、身体を動かせなかったからか、寝つきのよくない子どもたちがふだんにもまして多い。3人の保育士があっちに行ったりこっちに行ったりしながら、40名の子どもたちを順番に「寝落ち」させていく。

最後まで眠れずにいたのは、やはり年長クラスの子どもたちだった。保育士が何度注意しても、隣同士でふざけあっている。保育士が近づくと布団をかぶって寝たふり*をするのだが、遠ざかるとまた顔を出して互いにつつき合う。

「いいかげんにしなさい！」

突然、静まりかえった部屋に怒声が響いた。激高した保育士はふざけ合う二人の元へつかつかと歩み寄り、ついに布団ごと隣の部屋に連れだそうとした。

「やめて、やめて！」

さきほどまで鼻をほじったり尻を突きだしてふざけていた二人が、あわてて布団にしがみついた。あまりにも急な出来事に二人とも動揺して泣き出しそうである。

「さっきから、何回も言ってる！　ほかの子たちの迷惑！　寝ないんだったら、隣の部屋に行って！」

寝たふり
担任保育士が鬼の形相で叱ると、子どもたちは寝たふりをする。その後、派遣保育士に入れ替わった途端に立ち上がり、歩き回ったりする。これは私が勤務したいくつかの保育園で見られた現象だった。結局、脅しで寝かしつけているため、その脅しがなくなると子どもたちは本来の姿に戻るのである。だから、叱っても意味がないと私などは思うのだが、叱らずにはいられない担任の立場もわからなくもない。

すやすやと寝ている子もいるのにお構いなしの大声。さぞかし腹が立ったのだろう、もはや自分を見失った叱り方だ。

眠れずに目だけ開けて身体を横たえていた子どもたちが、怯えて自分の布団に潜り込む。布団のすきまからこっそり見つめている小さな目があちこちに見えて、私は敵意とも同情とも違う、複雑な心境になった。

「寝て！」

「寝られない……」

「寝られなくても寝る時間*なの！」

「……」

昼寝が保育園の日課として組み込まれている以上、私はこのやりとりを静かに見守るしかない。

昼寝がないと子どもたちの体力や集中力が持たず、集団保育中に支障が出る。保育士の立場としては、昼寝の必要性もわからなくもない。実際、私も子どもたちが昼寝せずにすごした日の夕方の〝惨事〟を何度も目の当たりにしている。

〝惨事〟というと大げさなように聞こえるが、けっしてそうではない。昼寝をし

寝られなくても寝る時間
寝たくない子を寝かしつけるのがかなりの重労働であることはあまり知られていない。１人が起きていると周囲の子どもも影響されて入眠できないことが多い。

ないで午後を迎えた子どもは、夕方が近づくにつれテンションが異常に上がっていく。グッタリするのではない。その反対である。何かに取り憑かれたように走り回ったり、必要以上に友だちにちょっかいを出す。おやつの内容が気に入らなければ床に落として踏んづけたり、ひどいときは床にひっくり返って号泣し始める。そういうとき、保育士は「今日はお昼寝しなかったから」とあきらめたように対処する。こういうことを頻繁に経験すれば、おのずと「昼寝強制」を疑いもなく認める立場になるだろう。

眠れない子どもとしては、休みの日は昼寝しないのにどうして保育園では寝ないといけないのか、という素朴な疑問になる。

眠れない子のそばで寝かしつけをしていたとき、その子がコソコソと私に話してくれた＊ことがある。5歳の蒼《あお》君は年齢以上にしっかりしていた。

「せんせ～、ぼく、家では寝ないんだ」
「お昼寝しないの？」
「そう。お母さんも、しなくていいって言うんだよ」
「そっか。お母さんもしなくていいって言うんだね」

コソコソと私に話してくれた
布団に入り、気がゆるむのか、そばについてトントンしていると、「先生のこと、好きだよ」と突然告白してくる子もいたりする。ほかにも「マ

「うん、保育園でもしなくていいって」

「え、そうなの。保育園で寝なくていいって?」

「うん、夜寝れなくなるから、『寝ないで起きていなさい』って」

「そうなんだね」

母親は昼寝をしないでいいと言うのに、保育園では強制される。園の決まりごとだから、我慢してじっとしているけれど、何もせずにただ身体を横たえていることは元気な子どもにとって苦痛以外の何ものでもないだろう。

来年には小学1年生。我慢して必死にルールを守っている姿が痛々しい。*

週に5回、年間260日ほど登園すると考えて、1日2時間の昼寝時間を計算すると、この子は520時間、年間21日間もこんな時間をすごすのだ。これを何か別のことに使ったほうがいいのではないか、と多くの保護者が考えてもおかしくはない。

そうはいっても、子どもの昼寝時間に事務仕事や休憩まわしをしている保育園側の都合もある。昼寝をしない子どものクラスを別に作れば、その分、配置基準に見合った保育士をつけなければならない。長年培われてきたシステムを園が独

マに会いたい」とせつなげに訴える子、「昨日、ディズニーランドに行ったんだ」と喜びを共有したい子、さまざまである。ふだんは遊びに夢中の子どもたちが、自分の胸の内を誰かに話すという大切な経験をしているのだと感じる。

ルールを守っている
保育園のルールには2通りある。保育園が作ったルール、子どもたち（自分たち）が作ったルール。昔のように「ルールは守るべきもの」というだけでなく、「ルールは自分たちで適宜作り変えていく」ことを教えている園もある。

自に変えていくのには相当な労力が必要になる。
お昼寝タイムは、保育士にとって刺激的かつ心が重くなる時間でもあるのだ。

某月某日　衣装作り：「生き字引」のアドバイス

「発表会*」が近づくにつれ、園内の全保育士が飾り付けや合唱練習で多忙を極めていた。ここ数年、コロナで中止*になっていたが、今年は感染症対策を徹底したうえでイベントが決行される。私の担当は、発表会に出演する子どもたちの「衣装作り」である。

この園では、常勤同様に勤務する派遣保育士の中には担任を持たされている人もいる。それをフォローするかたちで各クラスにパート保育士が1名ずつ入る。私は週3日勤務の3カ月契約で「フリー」の立場でさまざまなクラスに配置*される。出勤する曜日と時間だけは固定されていて、あとは日雇い労働者のように、その日の〝現場〟に入っていく。最初の1カ月間はさまざまな年齢のクラスを

発表会
園によっては「お楽しみ会」と呼ばれる。毎年11月中旬ごろ、保護者参加のイベントの一つとして開催され、園児たちが劇や合唱などの出し物を披露する。土曜日に開催される場合が多く、派遣保育士は契約勤務日でないため参加しない。

コロナで中止
2020年はコロナ禍で

転々としたが、ここ2週間はずっと5歳児クラスの専属だ。5歳児クラスは25人の子どもに対し担任保育士1人とパート保育士1人態勢だが、業務が回らないらしい。

「衣装作り」は、朝の勤務開始と同時に分刻みで進められる。発表会の予行練習が来週月曜日に迫り、それまでにすべての衣装を揃えなければならない。日常業務の合間に衣装作りと、息つく暇もない。

担任保育士がデザイナー兼パタンナーとしての型紙作りを行ない、私はソーイング（縫製）役だ。「縫製」といっても、布をミシンで縫い合わせたりはしない。市販のゴミ袋を切り裂いて、ガムテープで貼り合わせる単純作業である。

それでも園児25人全員の衣装を作るには、それなりに時間がかかる。園児それぞれに体型も異なるので採寸もしなければならない。それから型紙を作り、その型紙に合わせてゴミ袋を切り揃えていく。全員が同じ衣装ではない。活劇の衣装なので、役どころが何種類かあり、3～4種類の衣装を作らなければならない。そうしているあいだにも「お漏らししちゃいました～」と別クラスの保育士から助っ人要請の声がかかれば、作業を中断しておむつ替えである。

発表会などのイベントを中止する園が少なくなかった。しかし、園行事は子どもの非認知スキル（コミュニケーションスキル、感情をコントロールするスキル、問題解決をするスキルなど）を発達させる重要な機会であり、翌年以降は感染対策を徹底したうえで実施する園が増えてきた。

さまざまなクラスに配置
派遣先の保育園にもよるが、契約時に「フリー」「○歳児担当」と決められる。ただ、派遣保育士に限らず、担任の急病などで他クラスの応援に行ったり来たりは日常茶飯事。そうしないと保育現場は回らないためで、契約外のクラスであっても受け持つことはしばしばある。

5歳児クラスの担任保育士は、衣装作りに不慣れな私に容赦がない。「あと何分でできそう?」とせわしなく尋ねてきては、仕上がりが遅いと「もうちょっと早く」と急かしてくる。


加山さんは、この園の最古参のパート保育士だった。昨年、息子に古希《こき》祝いをしてもらったと恥ずかしそうに教えてくれた。世間話が大好きで*、この人に一度つかまると仕事が進まなくなる。こちらの都合もお構いなしで、いそいそと寄ってきては世間話に花を咲かせる。勤務し始めて数日後、大型カッター片手にダンボールを切り裂いている私に、加山さんが近づいてきた。

「あら、先生、今日は何をされているの?」

「ええ、岩を作っているんです。海底の岩です」

私は手を休めず、顔だけ向けて答えた。

「あら、あぶないですよ。指、切ったらたいへんよ」

加山さんの手元には、色紙を細く切った束がたくさんあった。

「それ、なんですか?」

世間話が大好き
長年勤務し続けているので、情報通である。加山さんは年齢が年齢なので仕事内容も軽作業が基本で、1日3時間ほどの勤務だった。本人いわく「デイサービスに行くよりもずっと楽しいし、ボケ防止にもなる」。「死ぬまで保育士をしたい」と言っていたが、死ぬまで現役というのも素敵な生き方かもしれない。

「やっと切り揃え終わったのよ。でも、何に使うか知らないのよ。アハハハ」

何に使うか知らなくても作れるものなんだと私は感心した。私などいちいち尋ねてからでないと作業が進まない。*

「岩の形に切っているんですが、これって、自立しますかね？」

「ああ、それはね……」

驚いたことに加山さんは大道具の作り方を熟知していた。工作用具にも精通していて、ダンボール用カッターという便利な道具も加山さんから教わった。長年の勤務で得た知識を惜しげもなく私に伝えてくれた。「生き字引」とはこういう人のことを言うのだろう。ただの話し好きのおばあちゃんと見くびっていたのはとんだ間違いだったようだ。

加山さんはこの園に勤めて18年。態度が横柄な今の園長が赴任してきたのはほんの2年前だとか、清掃で入っている女の子はベトナムから日本に来て4カ国語話せる勉強家だとか、昨日休んだ用務員さんは園庭で蜂にお尻を刺されたとか……とにかくなんでもよく知っているのだ。

ときどき私のことも聞かれた。

尋ねてからでないと作業が進まない
指示を出す側の保育士も千差万別で、的確に指示してくれる人と、そうでない人がいる。「指示の内容が抽象的すぎる」「一度に複数の指示をする」「スキルを考えずに指示を出す」などはこちらが困ることになる。たとえば制作物を作る際、完成形を見せないで作らせようとする。作る側からすれば、完成形のイメージがないと進め方がわからない場合もある。

「どちらのご出身ですの？」

「お子さんは？」

「お住まいはお近く？」

イエスかノーでは返答できない質問ばかりで正直、少々煩わしい。近ごろはプライベートな質問をストレートに受けることが少なくなったから、この手の質問にはアレルギー反応が出そうになる。しかし、拒否してその場の雰囲気が悪くなるのもなんだか申し訳ない。

「生まれは東京ではないんですよ」

「子どもはいるにはいます」

「近いような、遠くもないような」

などと答えになっているのかいないのか、のらりくらりとその場を取り繕った。それでも、加山さんのほんわりとした話しぶりには、どこかしら心を開いて話を打ち明けたくなる雰囲気があった。


この日も出勤後すぐ私は衣装作り*を指示された。

衣装作り

赤、黒、紺のゴミ袋を型紙どおりに切っていくのだが、薄くてツルツルのビニールがハサミを拒み、無理やりにハサミを通していくと切り口がビロビロになる。ひと通り切り終えると、続いてゴミ袋同士を袋と同色のガムテープで貼り合わせていく。ガムテープの粘着度が高くて、ひとたび間違った部分がくっつくと剥がれなくなり、引っ張って剥がすと剥がした部分がヨレヨレになっていった。

悪戦苦闘しながら30分ほどが経ったとき、加山さんがニコニコしながら近づいてきた。

「大原先生、そういうのお得意なの？」

「いえ、得意ではないです。ご覧のとおり、不器用で」

完成した数着の衣装を見せる。どれもかわいそうなくらいヨレヨレだ。ヨレヨレすぎて仕上がった衣装を見ていたら、泣きたくなってきた。

「衣装なんか誰も細かく見ませんよ。みんな、わが子の顔しか見てませんからね。本人だってどんな衣装を着たか、何日かすれば忘れちゃうんですから」

加山さんはなぐさめるようにそう言うと、大笑いしながら私が作った衣装をポンポン叩いた。

保育士になるまで、自分が園児の衣装を作るなど想像もしていなかった。保育現場の仕事は多岐にわたり、子どもと向き合うだけが仕事ではないことを実感した。本音を言えば、丁重にお断りしたい仕事で、当初は仕方なく従事していたのだが、そのうち思いのほか楽しいと思えるようになったのは不思議である。

「大丈夫、大丈夫！」

加山さんの言葉に、私は少しだけ救われた気がした。

ただ、私が一番気にしていたのは、子どもたちのジャッジだった。

合唱練習を終えた子どもたちが走ったり飛び跳ねたりしながらクラスに戻ってきた。私と目が合うと、すぐに駆け寄ってくる。

「何してるの？」

みんな興味津々である。自分たちの衣装が完成間近だと知って、嬉しそうに手にとり身体にあてはじめた。とくに女の子たちは、自分たちの衣装が気になって仕方がない。

「どれが私の？」

「どうやって着るの？」

保育室はキャアキャアと大騒ぎになった。

私が苦心して仕上げた衣装を子どもたちが手にとり、思い思いに感想を述べ合っている。どうやら子どもたちの目には不細工には映っていないようだ。

その光景を眺めていた加山さんがつぶやいた。

「ほらね。あの子たちが着れば、衣装も可愛く素敵に見えますって」

そうだ。発表会の主役は子どもたちなのだ。*

待ちきれずその場で衣装を着始めた子どもたちを見て、私は苦労が報われた気がして、大きく息をついた。

某月某日　**休業補償**：院内保育所のコロナ検査

「おはようございます」

いつもどおりの時間に出勤したはずなのに、今日は返事がない。嫌な予感がして、私は通勤着のまま、保育室へ向かった。

「あ、大原先生。おはようございます」

平山さんが保育室から顔を出した。まだ30代前半の若い施設長で、物腰の柔らかな和風美人である。

今回、派遣された保育所は、自宅からほど近く、自転車でも通える距離にある

＊発表会の主役は子どもたち
発表会が土日などの休日に行なわれる場合、派遣保育士は参加しない。以前は、業務外のプライベートで訪れることもあったものの、コロナ禍以降は出席人数が制限され、原則的に出席できなくなった。あくせくと準備した発表会を見ることができないのは少し寂しい。

「院内保育所」*だった。大通りに面した病院のすぐ隣に、豪奢《ごうしゃ》に建っている3階建ての住宅である。

「今日は、なんだか静かですね？　何かありましたか」私は尋ねた。

「じつは……」平山さんがいたずらをして叱られた子どものような顔をしていた。

「コロナの感染者が出てしまって……。ひとまず今日は閉園で、あとで保育士全員、検査になるそうです」

勤務開始から、まだ2週間も経っていない。ようやく仕事に慣れ始めた矢先の「休業」である。

「感染者って、保育士ですか？」

「いえ、園児です」

一昨日まで登園していた2歳の女の子がコロナの陽性患者になり、私を含めた保育士全員が濃厚接触者*となってしまったのだ。

「病院の検査係が午後に来ます。強制ではないのですが、大原先生にも検査を受けていただければと思います」

遠慮がちに言われたが、嫌と言える立場にはない。一人だけ受けないわけにも

院内保育所
病院などに隣接し、医療施設で働く職員の子どもを預かる保育所。保護者が医療従事者で夜勤もあるため、保育園も基本的に365日24時間開園しているケースが多い。そのため、院内保育所に勤務する保育士は月に数回程度の夜勤がある（派遣は昼間勤務固定のため、夜勤は行なわない）。

保育士全員が濃厚接触者
ある時期、「濃厚接触者」の定義が変わり、濃厚接触と判断する目安が「2メートル以内の接触」から「1メートル以内かつ

いかないだろう。そんなことをぼんやりと考えていた。

「絶対受けないといけませんか⁉」

私より少しあとに出勤してきた相良《さがら》清美さんが語気を強めて聞いた。彼女は週2日のみ勤務するパート保育士である。理由があってほかの園とかけもちしているらしい。

「私、ほかの保育園でも働いているんで陽性者になるとまずいんです」

相良さんが困った顔で言った。

「まあ、ねえ……」平山さんがあいまいに答える。

「検査を受けて、明日以降はどうするんです？」私が平山さんに尋ねた。

「病院からの指示待ちで、まだなんとも……。ただ、おそらく1週間は休園することになると思います」

「1週間、ですか……」

私のような派遣保育士の場合、コロナによる休業など、保育園の都合で急に自宅待機を言い渡された場合には「休業手当*」が支給される。金額は平均賃金の6

15分以上の接触」となった。これにより、濃厚接触の該当者が減った。子どもとは至近距離で会話をするし、つねにそばにいるわけだが、なぜか保育園でも「濃厚接触者」は激減した。ある保育士は「保育士がマスクをしていれば濃厚接触者にならないのよ」と言い張っていた。

病院の検査係
ふだんは隣接する病院で検査を実施しているため、病院の診療時間が終わってからの対応となった。

休業手当
企業の都合で休業した場

割で、私の場合、一日7000円程度となる。

ふつうに働くよりは収入減となるが、自宅にいるだけで平均賃金の6割の収入が得られるとなれば、そう悪い気はしない。長引けば家計に響いて困るものの、1週間程度なら副業の活動時間が増えてラッキーとさえ思えてくる。

保育園では口外していないが、じつは私は派遣保育士のかたわら、メンタルトレーナーも行ない、さらに趣味の骨董集めが高じて古物商の資格を得て「古物商」としてもささやかながら収入を得ている。シングルマザーとしての生活の糧《かて》であると同時に、こうした活動は母になる以前の自分自身を殺さずに生かし続ける方法であるような気がする。

とはいえ、それはあくまで私の都合。保育園が困難に直面しているときに、ウキウキと笑顔で返答するわけにもいかない。

「自宅待機のときって、自宅で何か作業するのですか?」私は派遣保育士として、自宅でもできる作業がないか、平山さんに尋ねた。

「ないです。申し訳ありません」

これが定員の多い認可保育園なら、また様子は違ってくる。ある認可保育園で

合に企業側が支払う手当のこと。似たものに「休業補償」がある。どちらも休業期間中に支払う賃金を指すものだが、休業理由が異なる。休業手当が企業側の都合にもとづく休業への給与補填であるのに対し、休業補償は就労中に発生したケガや病気などの労働災害のせいで働けず、休業する従業員に対して補償するためのもの。

は、コロナ騒動が始まったばかりの緊急事態宣言下、常勤保育士たちが壁面装飾の素材を家に持ち帰って制作していたという。

自宅から持ってきた弁当で昼食を済ませたころ、タイミングよく病院の検査係がやってきた。長袖のガウン、サージカルマスク、ヘアキャップ、フェイスシールドを身につけた検査係２名が２階にあがっていった。臨時の検査会場を整えるためだ。よくテレビの報道で目にしたものものしい装備の検査係を、私は来日したハリウッドスターを見るような目で眺めていた。

先発隊の常勤保育士数名が検査を終え、いよいよ自分の番が来た。

「はい、ちょっと痛いかもしれません。ごめんなさいね」

検体を採取するため、検査係が私の鼻に綿棒を突っ込む。異物が挿入された私の鼻腔は痛みでもげそう*だった。それでも初めてのＰＣＲ検査で私の気持ちは妙に高ぶっていた。

「陰性です」

数時間後、検査係の人にそう告げられて、相良さんが安堵したように私を見た。

鼻腔は痛みでもげそう
個人差があるようだが、私は検査による裂傷を心配したほど、鼻腔が痛くて涙が出そうになった。検査係ということで安心して身をまかせたが、じつはコロナの検査には慣れていなかったのかもしれない。私は心の中で何度も「ヘタクソ！」と悪態をついていた。

「よかった～！　お互い、本当に良かったですね～！」

相良さんは飛び上がらんばかりに喜び、両手をあげてハイタッチを求めてきた。私もとりあえず安心した表情を作り、ハイタッチに応じる。「陽性でもそれはそれで……」などとは口が裂けても言えなかった。

万一、保育室内で感染したとなれば、「労災」になる可能性がある。その場合、療養費や休業補償を受ける。感染せずに休業した場合と、感染した場合の補償とではどちらが多く支給されるか、一瞬試算したい気にもなったが、すぐに打ち消した。子どもを園に預けられず出勤できずに途方に暮れる親の立場になれば、そんなことは思ってもいけない気がした。

結局、コロナに感染した保育士は一人もいなかった。私は3日ほど自宅待機となり、週末をはさんで約1週間ぶりに職場に戻った。

自宅待機明けの出勤日、保育室の一角で常勤保育士たちが楽しげに話しているのを耳にした。

「こう言ってはなんだけど、自宅待機も悪くないですよね」

「そうそう、久しぶりに家でゆっくりできたわ」

「こんな休みもたまにはいいかもしれませんね」
なんだ、彼女たちもそんなふうに思っていたのだと、内心可笑しくなった。自宅待機中の給与も保障されている常勤の彼女たちなら、なおさらかもしれない。不謹慎だと自覚しているのか、常勤保育士たちの立ち話はそれで終わった。

某月某日　**猛スピード**：親の背を見て、子は育つ

今から十数年前、当時1歳の長女を自宅から1・5キロ離れた保育園に通わせていた。時短勤務*で夕方早く帰宅できる分、私がお迎えと家事の一切を引き受け、夫が朝の送りを担当していた。私がつねにリスクを考慮する慎重タイプなのに対し、夫は楽天家でリスクにとらわれず行動する人だった。

自宅から保育園まで、アップダウンのある、自転車*で片道10分の道のり。夫とは、なるべく交通量の少ない通りを行く約束にしていた。ただ、そのルートは多少遠回りになるのと、途中に私鉄の踏切が1カ所ある。この踏切は朝のラッシュ

時短勤務
1時間早く退社していた。その分、給与も減給されるわけだが、育児期間中はお金より何より、とにかく時間が欲しかった。

自転車
都心の保育園の多くはマイカー通園を禁止しているため、幼児乗せ自転車

時、5分近くバーが下りたままのときがあるのだ。だから、夫は遅れそうになったとき、トラックの抜け道にもなっているガードレールのない道路を使っていることに私は薄々気づいていた。

前日の天気予報が雨で「早めに準備してね」と伝えているのに、レインコートを着させるのに手間取って、いつもより遅れて、片手で傘*を差したまま猛スピードで走っていく夫の後ろ姿を見て、私はいつも気が気ではなかった。

派遣保育士になった今、保護者たちが髪を振り乱しながら慌てて登園してくる姿が私には神々しく見えてならない。

「お〜はらせんせ〜！」

朝、電車通勤の私が最寄り駅から園に向かう途中、登園途中の佐野さん父娘によく会う。

「ばいば〜い！」

佐野さん父娘が猛スピードの自転車で私を追い抜いていく。横断歩道の歩行者信号が点滅し、赤になりそうなタイミングでも渡り始めてしまうお父さんを、私

で通園している親子がほとんどである。一般的に自転車の2人乗りは禁止されているが、「幼児2人同乗基準適合車」は16歳以上の運転手を含め、3人乗りが可能。一般社団法人自転車協会が定めた安全基準で、フレームの強度やブレーキの性能、操作性などさまざまな要件がある。

片手で傘
今では自転車に傘を取り付ける傘ホルダーもいろいろと販売されているが、当時は片手に傘、片手にハンドル、といった片手運転だった。警察官による取締りも行なわれておらず、「違反」という認識すらなかった（道路交通法120条1項9号により、自転車の傘差し運転は「5万円以下の罰金」とされている）。

は自分の元夫*とつい重ねて見てしまう。

登園後、更衣室でパート保育士の坂口さんがつぶやいた。

「佐野さん、いつか事故起こしそうで怖いわ」

出勤時間が私と同じ坂口さんは、佐野さん父娘の目撃者でもある。

私は思わず内心で「すみません」とつぶやいてしまった。

「保育園の送迎中、クルマの中に子どもを置き忘れて死なせたとか、先日もあったでしょう。ああいうニュースを聞くと、親も保育士も何やってんだって頭に来ちゃう！」

坂口さんも3人の子どもを育て上げているだけに他人事とは思えないようだ。

支度を済ませると、娘を送り届けた佐野さんパパが、慌ただしく保育園の玄関で靴を履いているところだった。

「いってらっしゃい！」

「ああっ、先生、よろしくお願いします。行ってきます！」

そう言い残して駆け出していく。保育園を出れば、誰もが役割がずっしり肩にのしかかる社会人なのだ。

元夫
つい最近、母に「なぜ離婚したの？」と聞かれた。私が「なぜお父さんと離婚しないの？」と聞いたことへの意趣返しのような問いだった。そう聞かれて、思わず首をかしげてしまった。「なぜだったか？」。主観的な言い分だが「二人で生きられないから」ということだろう。大人になるまで別々に生きてきた男女がいきなり一緒に暮らせば、おのずとひずみも出てくる。私たちの夫婦関係は7年ほどで終わったのだが、離婚しても2人の子どもの親であることに変わりなく、夫婦という関係をリセットして、今は“親友”となった。…なんてことも離婚したから言えることだ。もし、あのまま離婚せずにいたなら、多くの夫婦と同様（？）、束縛し合い、心の中で罵り合っていたかもしれない。

佐野さんパパが出て行ったのと入れ違いに、優斗君と一緒にお父さんが入ってきた。

「おはようございます！」

「……」

優斗君パパは、こちらがあいさつしても、軽く会釈をするだけで、いつも無言だ。こうした態度は保育園や保育士に対して何か不満があるのだろうと勘ぐりたくもなるのだが、保護者同士ですれ違ってもあいさつもしないようで、そういう人なのだろう。

育児ノイローゼ一歩手前という保護者もいれば、朝は低血圧で話せないという保護者もいる。誰もが元気に気持ちのいいあいさつを交わせるのが理想だが、現実はそううまくいくことばかりではないのである。

「じゃあな、行ってくるよ。お利口さんにしてるんだぞ」

尊《たける》君パパはいつもバリッとしたスーツに身を包んだ厳格なタイプで、息子の尊君も聞き分けのよい4歳児だった。ただあまりにも聞き分けがよすぎて、さぞかし家庭で厳しくしつけをされているのだろうと私などはかえって心配になるほどだ。

「尊君パパ、いつも園から少し離れた道路に路駐しているのよ」

ある日、坂口さんと同僚保育士の水川さんが更衣室でささやきあっていた。この園ではクルマでの送迎は禁止*されている。

「でね、この前なんて、クルマの脇でタバコ吸ってたわよ」

「そっか～。だから尊君パパ、いつもタバコ臭いんだあ」

「子どもにはいつも『お利口さんに』とか言って、自分がルール守らないいんじゃねえ。しかも大きな外車なのよ」

「えっ？　ベンツ？」

「いや、ほら、あの青と白の四分円のマークのクルマ、なんだっけ？」

坂口さんと水川さんの話題が変わり、私は更衣室をそっと出た。

「親の背を見て、子は育つ」。禁止されているクルマ送迎のうえ、路上駐車に路上タバコとなると、いくら「お利口に」と言ったところで、子どもに伝わるのかどうか……。

クルマでの送迎は禁止
住宅地にある保育園では、路上駐車することで近隣住民に迷惑がかかるため、コインパーキング駐車なら０Ｋという園も。また雨天時はタクシーで乗りつける保護者もいるが、たいていは園の前で待たせて、登園が済むとそのまま最寄り駅まで、となる。保護者のたいへんさを思えば保育園側もあまり強く言えないが、ひとたび園の前で事故が起これば園の責任も問われかねない。その対策として「クルマでの送迎、路上駐車禁止」と玄関に貼り紙している園もあった。

ただ、驚くのは、坂口さんも水川さんも、本人の前ではそのような会話の片鱗《へんりん》さえ見せず、尊君パパとにこやかに談笑するのである。更衣室の会話との変わりようは見事で、保育士には演技力も必要*なのだと痛感するのだった。

保育士には演技力も必要
お絵描きの時間のこと。園児が画用紙に描いたのは、肩まである長髪に、高い鼻と真っ赤な口紅。「上手だね。ママ?」と尋ねたら「ううん、パパ」。なんと反応していいのか一瞬戸惑いつつ、「すごいねえ」とリアクションした。個人としてのリアクションと、保育士としてのリアクションを切り分け、「保育士」を演じきる演技力が必要なのだ。

第2章

保護者には言えない話

某月某日　新人時代：生き残るための処世術

派遣保育士としてさまざまな保育園*で働くと、園児たちがそうであるように、保育士たちもまた個性豊かであることを実感する。園児の数にもよるが、定員が20名ほどの2歳児クラスだと、常勤保育士が3～4名いる。この保育士の組み合わせがじつによくできているな、と入職するたびに思う。

　1クラスに保育士が3～4名いる場合、たいていベテラン保育士1名、中堅保育士が1～2名、新米の保育士が1名、といった編成になるようだ。今回、私が派遣されたあおぞら保育園がまさにそうだった。

　派遣期間は年度末までの8カ月、私は2歳児クラスの担当になった。クラスは、永遠の少女とでも呼べそうなベテラン保育士・高森みすずさんが率い、中堅保育士の五月《さつき》さんと万福《まんぷく》さんに加え、入職1年目の新人・小谷さんという構成だった。

さまざまな保育園
保育園（保育所）と一口に言っても、規模や運営主体はさまざまである。園児数が40～60人程度だと小規模園、１００人以上だと大規模園で、運営は市区町村、社会福祉法人、株式会社、ＮＰＯなどによって行なわれている。運営主体によって園内の雰囲気や待遇が大きく異なる。社会福祉法人やＮＰＯの場合は家族経営も多く、園長やその親族の影響力が強いこともある。

ここに私が加わり5人編隊となる。私が求められたのは、例によって「人手不足」という理由＊だった。

高森さんは勤続年数からいって50歳前後だろう。しかし、目元にはりがあって美しく、どう見ても40そこそこの外見である。陰湿さがなく、いつも明るく天真爛漫。ただ、裏を返せば、どこか抜けていて掴みどころがないともいえるかもしれない。

あるとき、高森さんが子どもたちに絵本を読み聞かせていた。『そらいろのたね』という絵本である。読み進めて数分経つと、次第に声が小さくなっていく。ふと見ると、高森さんが本を凝視しながら、背中を丸めてページをめくっていた。

「せんせ～？」

先生の声がほとんど聞こえなくなり、絵本好きなたくみ君が高森さんの顔をのぞき込み、不思議そうに声をかける。

「どうしたの？」「早く読んで～」

ほかの園児からも声が上がる。

「人手不足」という理由

保育士の配置基準は次のとおり（自治体により多少の違いがある）。

・0歳児：おおむね3人につき1人以上
・1～2歳児：おおむね6人につき1人以上
・3歳児：おおむね20人につき1人以上
・4歳以上児：おおむね30人につき1人以上

1名の保育士が5～6人の1歳児を保育することはかなり難しいことなのだが、法律ではこう決まっている。私の経験上、この配置基準どおりでは手が回らないことが多い。とりわけ新年度が始まる4月当初は、慣らし保育で入ってきた園児のほぼ全員が号泣の大合唱。よほどのベテランでもない限り、3～4人でもなかなか対応できない。

高森さんは「またやってしまった」と絵本をひっくり返す真似をした。

「ごめんね〜。いい本よね〜、先生、つい読んじゃった」

なんと読み聞かせをしながら、いつのまにかそれを忘れ、内容を追うあまり、ひとりで黙読を始めてしまっていたのだ。

失敗したときにペロリと舌を出すのは、アニメの世界だけだと思っていたが、高森さんは握ったこぶしで自分の頭をコツンと叩き、ペロリと舌を出して園児たちに謝罪した。高森さんが率いるクラスは、その人柄を反映してか、なんだかほのぼのとしているのだった。


あおぞら保育園に派遣されて1週間が経ったある日のこと。新人の小谷さんが廊下に正座させられ、他クラスの保育士から叱責*を受けていた。保育園内で保育士同士の口論などは何度も目にしたことがあるが、正座となると初めてで、私は驚いて立ち尽くしてしまった。

「わかってるよね？　なんで何回も繰り返すの？」

先輩保育士が叱りつけ、小谷さんは口答えもせず、目に涙を浮かべたまま黙っ

他クラスの保育士から叱責　パワハラ問題に厳しい時世も反映してか、このときまで保育園内でのあからさまなパワハラやいじめを目撃したことはなかった。正座までさせら

ている。

いてもたってもいられず、叱責が終わり、クラスに戻ってきた小谷さんに声をかけた。

「どうしたの？　あんな叱り方、しなくていいのにね」

「でも、私が悪いんです。ミスを繰り返した私のせいです」

「何したの？」

「提出物を期日までに出さなかったんです。じつは前にも同じことがあって」

「それだけであんなふうに怒られるの？」

園児の目の届かない廊下とはいえ、後輩を正座させ、叱責しているさまは見ていて気持ちがいいものではない。ミスはミスとして、もっと業務に前向きになれるような注意でなければ意味がないではないか。

「でも、もう少しやり方があると思うんだけどね。私だったら『うっせ〜！』って顔面パンチしちゃうかも」

私が冗談を言うと小谷さんもつられて笑顔になった。

「どうしたの〜？」

れての叱責は異様な光景であり、記憶に焼き付いている。

高森さんが様子を見にきた。私はあとはクラスリーダーにまかせようとその場を離れた。


「あ、大原先生～」

その日の業務が終わり、帰り支度をしていると高森さんに呼び止められた。

「さっきはありがとうございました。うちの新人ちゃんがお世話になりました」

小谷さんのことを「新人ちゃん」と高森さんは呼ぶ。可愛くて仕方がない様子である。

「またやらかして落ち込んじゃってたんですけど、『大原先生になぐさめてもらった』って言ってました」

「そんな大げさです。なんかすごい怒り方をしている先生がいたので、よく我慢して聞いているなと感心してました」

「いえ～、あの新人ちゃん、じつはちっとも堪えてませんから」

「え、そうなの?」

「そうそう。けっこうメンタル強い子*なんですよ」

メンタル強い子

たしかに小谷さんの瞳には強そうな意志が感じられた。興味本位で私は尋ねた。

「高森先生の新人時代はどんな先輩がいましたか？」

「え、私の新人時代？　もう四半世紀も前のことだけど、怖い先輩ばっかりでしたよ〜」

高森さんは自分が散々いびられてきたから、後輩にはそういうことはしないのだと言った。

「だって、せっかく好きな保育の場に来て、そこで嫌な思いしたら悲しいじゃないですか〜。そんなの、かわいそうですよね〜」

高森さんは若いころ、相当苦労したのではないだろうか、と私は思った。今の天然ボケキャラクターは、もしかすると高森さんが保育業界を生き抜いていくため身につけた処世術なのかもしれない。

「これまであちこちの保育園に入っていますが、高森先生のクラスはなんだか温かいですね」

私は心からそう打ち明けた。

「そんな、そんな〜。大原先生、ほ・め・す・ぎ！」


保育士に退職者が多い理由として、職場の同調圧力が強すぎることが挙げられるかもしれない。おむつ替え一つとっても改善できる点があるのに「前例はこうだった」「ほかの人はこうしている」と、〝みんなと同じように〟を求められる。明確な理由もなく〝みんなと同じ〟を押し付けられ、納得できずに辞めてしまう。それでも経験を重ねるごとに耐性がついていき、次第に打たれ強くなっていく人も。

にっこりと明るく笑う高森さんを見ながら、同性ながら惚れてしまいそうになる。リーダーによってクラスの雰囲気や仕事のやりやすさ*は大きく変わる。

某月某日　女はゲンキン、男は……小さなウエディング

みなと君は、今日もときめいていた。昔でいえば「胸キュン*」である。同じクラスにリコちゃんという女の子がいて、彼女以外は目に入らない。高森さんたちはもちろん、入職してまもない派遣保育士の私にまで、みなと君の一途な恋心は知れ渡っていた。

「リコちゃん、一緒に遊ぼ～」

「いやよ」

リコちゃんは冷たく突き放す。リコちゃんは4月生まれ。クラスで一番背が高く、柔らかな長髪を左右に分け、頭のてっぺんでそれぞれお団子に結っている。まつげはマッチ棒が載るくらいに長く、整った顔立ちが愛らしい。

仕事のやりやすさ
さまざまな家庭環境、個性を持ったたくさんの子どもたちをいっせいに保育することは簡単ではない。どの仕事現場でも同じことが言えるかもしれないが、思いやりがある保育士は、子どもたちから慕われるだけではなく、同僚からも信頼される。それらは生まれながらに身についているというより、働きながら身につけていくものかもしれない。

胸キュン
われわれ世代の言葉で、「胸がキュンとする」の省略形。心がときめいたり、胸が締めつけられたりする切ない感情を表すものだが、そろそろ心筋梗塞の前兆となる年齢かも。

しかし、欠点がある。いつもまわりからチヤホヤ*されているためか、誰に対してもツンとする。「可愛い～」と保育士に褒められても、「当然でしょ」と言わんばかりの表情で横を向く。

みなと君が差し出した電車のおもちゃが音を立てて床に落ちた。

「リコ、みなと君のこと、嫌い」

クラス中に響いたそのひと言に、過剰に反応しないよう私は黙って見守っていた。

「あらあら、みなと君、ショックだね～」

五月さんが駆け寄った。五月さんは30代、カラコン*にカラーリングと外見は今どきの女性だが、学生時代から保育士のアルバイトをしていたこともあり、何事もそつなくこなし、安定感がある。

「大丈夫、みなと君には先生がいるからね～」

デリケートな男心がわかっているのかいないのか、五月さんはみなと君の肩を抱きつつ、「リコちゃんに嫌われちゃったね～」などと非情な言葉で追い打ちをかける。

まわりからチヤホヤ
大人なら、甘え上手でセンスが良いとか、コミュニケーション能力が高いといった女性がチヤホヤされる傾向にあるが、子どもは見た目が9割。その点でとびきり可愛いリコちゃんに周囲の大人も、みなと君もメロメロなのである。

カラコン
「カラコン」＝「カラーコンタクト」で、コンタクトレンズに色や模様がつき、瞳を大きく見せたり、色ごとに目元を変化させて見せる役割がある。さすがに目立たない色のカラコンなので、子どもはおろかたいていの保育士にも装着が気づかれない。私が「瞳（カラコン）、きれいな色ね」と褒めると、五月さんは「よくぞ気づいてくれました」と感激していた。

その光景を見ていたクラスリーダーの高森さんが言う。

「みなと君はひと一倍シャイで、ガラスのハートの持ち主なんですよ。リコちゃんの今の言葉で、彼、当分動けないかも……」

あんなに小さな背中なのに、がっくり肩を落としているのが伝わってくる。

「本当にリコちゃんのこと、大好きなんですね」と返しながら、私はみなと君が気の毒に思えてきた。みなと君、人生にはそういうときもあるんだよ。


給食が終わり、子どもたちがお昼寝に入る。みなと君はすぐに寝入り、お尻をつき出してすやすやと寝息を立てている。甘噛みした親指がよだれにまみれていた。

一方のリコちゃんはひとり布団の上に座っていた。五月さんが連絡帳*を書くそのかたわらで、じっと目を開き、姿勢を正して座っている。その姿はまるで刺客の襲撃に備える武士ではないか。

「リコちゃん、いつもあの状態ですか?」

昼休みに入る直前、五月さんに尋ねた。

連絡帳
保護者と保育士が家庭や保育園での子どもの様子を互いに書き記し、情報共有する大切な役割がある。記入項目は園や年齢によって異なるが、その日の体温、体調や就寝お

「そうなんです。隙を見せないというか、家族以外の前で眠りたくないようです」

「お昼寝が終わる3時まで、あのままの状態？」

「そうです。ずっとあのまま」

五月さんは無理に寝させることをしないようだ。リコちゃんは五月さんの横にちょこんとおとなしく座っている。

盗み見していると、リコちゃんがギッとこちらを見据えた。「早くあっちに行って！」と言わんばかりの視線が突き刺さる。ものすごい目力だ。保育士が交替で休憩に行くのを知っていて、「私に構わずもう行って」という子どもなりの配慮かもしれないと思った。私が小さく手を振ると、リコちゃんは少しだけ表情を崩して口角をあげた。2歳なのにもう大人みたいだ。

お昼寝が終わり、私がおやつの配膳をしていると、みなと君が尋ねてきた。

「今日のおやつはな～に？」

「今日はきなこマカロニ*ですよ」


よび起床時刻、家庭の食事の内容など。貧相な食事を保育士に知られたくないため、「野菜ジュース」を「野菜たっぷりスープ」などと食事内容を「盛って」書く保護者も。近年はノートの連絡帳以外に、スマホのアプリを利用して保護者連絡を行なう園も増えてきた。

きなこマカロニ
茹でて冷ましたマカロニに、砂糖をまぜたきなこをまぶしたおやつ。あおぞら保育園の「園だより」では「みんな大好き」と紹介されていたが、実際にはあまり人気がないおやつだった。ちなみに、うちの娘いわく「きなこマカロニは食べものじゃない」そうである。

「きなこマカロニ……」

きっと期待はずれだったのだろう。みなと君は何か言いたげなのを飲み込み、それだけ言うと、立ち去っていった。

「リコ、きなこマカロニ、嫌い！」

みなと君とは対照的にリコちゃんは思ったことを迷わず口に出した。

おやつの時間になり、みなと君は半分ほどマカロニを食べたが、リコちゃんは結局一口も口にしなかった。おやつの片づけが終わり、気遣った高森さんがおままごと遊びを始め、「リコちゃん、これどうぞ」と言ってチェーンリング*をプラスチックのお皿に盛りつける。そして、空のコップを差し出した。

「はい、りんごジュースもどうぞ」

「リコ、オレンジジュースがいいの」

そばでそわそわしながら見ていたみなと君が突然立ち上がった。

「ぼくが作る」

山盛りになったチェーンリングから、オレンジ色のものをかき集め、コップいっぱいに入れ、リコちゃんに渡す。私はそばで見守りながら、みなと君の献身

チェーンリング
プラスチックでできた小指ほどの大きさの輪っかをつなげて遊ぶおもちゃ。カラフルなので食材に見立てておままごとで使ったり、お箸の練習に用いたり、ただジャラジャラと持っているだけでもなぜか楽しい。

的な姿に「頑張れ！」と念じていた。

「はい、どうぞ」

「……」

渡されたコップをじっと見て、リコちゃんはしばらく黙っていた。みなと君が不安そうにリコちゃんの顔をのぞきこむ。

「ありがとう、みなと君！　リコ、みなと君のこと、大好き！」

お気に召したようでリコちゃんは満面の笑みである。それを見たみなと君は恥ずかしそうに笑いながらも、身体全体から嬉しさが溢れていた。

リコちゃんとみなと君が手をつなぎ、保育室のバルコニーを背にして立っていた。後光を受け、まるで結婚式で愛を誓う新郎新婦のようである。

「女ってゲンキンですよね」

私が二人を見ながらそうつぶやくと、

「男って単純よね」

高森さんが静かに答えた。

某月某日　調子に乗って：熱演しすぎて不測の事態

「今日はこれだけ食べて終わりにする？」

「ううん、食べる」

カウンターの向こうで、万福さんとリコちゃんの同じ会話が繰り返されていた。年齢は30代で五月さんと変わらないはずだが、万福さんはどっしりした体型で、肝っ玉母さんの風格を備えている。

「大原先生がいい」

リコちゃんが言った。

クラスのほかの子たちは、すでに食べ終わって布団に横たわっている。うとうととしておとなしく横になっている子もいれば、そわそわとトントンを待ちわびる子もいた。

「大原先生はお掃除の先生なの。今は久美先生と食べるんだよ」

職務上、あおぞら保育園では雑務の役割が多かった。常勤保育士である万福さんの「派遣保育士は雑用係」という認識がにじみ出た気がして、少しだけ苛立ちながら、私は万福さんの言葉を聞いていた。

リコちゃんが私を〝指名〟するのにはワケがあった。給食の前、お店屋さんごっこ*で最後の客として訪れた私のことをリコちゃんはすっかり気に入ってくれた。「リコちゃん作のお薬ジュース」を飲んでは元気ハツラツになり、その効果が切れると床に倒れ込み、飲んでは再び復活し、そしてまた倒れる。私は熱演した。

「リコパーラーのスペシャルお薬ジュース」の効果が、私ほど出た保育士はいなかったのだろう。その熱演ぶりにリコちゃんは虜《とりこ》になり、「あとで一緒にごはん食べようね」と言ってくれたのである。しかし、そうはいかない。その日は食事の介助は万福さん一人で対応することになっていて、私はカウンターでおもちゃの消毒を指示されていた。

「大原先生がいい」

なかなか食事が進まない。下膳の時間をとうにすぎていることは、本人は百も

お店屋さんごっこ
何の食べものが出てくるかで、ふだん子どもが連れられて行っている外食先がわかる。「回転寿司屋さんごっこ」になると、よく注文するネタを子どもが教えてくれ、「ママはいつも大トロ食べてるんだ」とか「ぼくはカッパ巻き」などと内情も知れてしまう。

承知である。自分の望みが叶わないので、わざと遅く食べ、精一杯の抵抗を試みているのである。

「リコちゃんに、先生言いたいことがあるの」

声がワントーン落ち、万福さんが戦闘モードに入った。

「さっき、先生と約束したよね？　お店屋さんごっこで、先生がリコちゃんの特製ジュースを全部飲んだら、リコちゃんもごはんいっぱい食べるって」

「食べる」

そう言うもののリコちゃんのスプーンは動かない。

「ほら、見て。みんなもう食べ終わってる。食器も下げなきゃいけないんだよ。早く食べないと、みんなが困っちゃう*」

「いま、食べてるっ！」

まさに女同士のバトルである。リコちゃんはご飯を一口一口噛みしめ、おかずも全部残さず食べようとしていた。保育士の立場からすれば、「まだ食べる」という子どもの食事を無理矢理下げることはできない。それがわかっているのか、リコちゃんは黙々と食べ続けた。*

みんなが困っちゃう
ここでいう「みんな」とは、「給食調理員さん」のことである。「早く食器を下げてもらわないと片づかないので、12時までに食器を返却してください」と保育士は常日頃から言われているのである。

私は不安になってきた。私が調子に乗って派手なパフォーマンスをしてしまった結果、現場が混乱し、不測の事態が起きてしまった。なんとか取り返そう。

私は立ち上がって、声に出さぬまま静かにおもちゃ消毒用のタオルを振ってみせた。リコちゃんを「頑張って食べてね」と励ますつもりだった。白い物体に気がついたリコちゃんがこっちを向く。私に背を向けている万福さんはそのことに気がついていない。少しだけリコちゃんの表情がゆるんだのを見て嬉しくなった私は、手を振りながら、片足をあげてみた。

私の踊りに呼応するかのように、大喜びのリコちゃんが立ち上がる。それと同時にテーブルの味噌汁がひっくり返る。リコちゃんの視線の先に気づいた万福さんが怒鳴った。

「大原先生！」

すぐに雑巾を用意し駆けつけて、床にぶちまけられた味噌汁を拭き取る。

「お気持ちは嬉しいのですが、気配を消して、しばらく消えておいてください」

申し訳なさそうな顔でリコちゃんが、しょげた私を眺める。リコちゃんの顔も万福さんの顔も見られず、顔を伏せたまま床を拭き続けた。

黙々と食べ続けた
リコちゃんも保育士の言い分が真っ当だと理解しながら、どうすれば抵抗できるのか必死に考えているのだ。下手に答えると自分がますます不利になることもわかっていて、だんまりを決め込んで食べ続けることで抵抗している。子どもと保育士とのあいだにはいつもこうした高度な心理戦が展開されているのである。

某月某日　これって食育？：給食の残飯問題

今日は「食育」の日だった。壁面のカレンダーを見て、今日はどのような活動をするのだろうと、私は秘かに興味を持った。

先月の「食育」活動は、トウモロコシの皮をむいて調理室に持っていくだけだった。これでは、夏祭りの金魚すくいを「フィッシング」というのと同じだ。たしかに缶詰や冷凍のコーンしか食べたことがない子にとっては、生のトウモロコシの皮をむくことは貴重な経験かもしれないが、それにしても「食育」とは言いすぎではないか。バケツで稲を栽培してみたり、自宅の献立メニューを作成してみたり、もっと能動的なものが「食育」なのではないか。

若いころ、農家の稲刈り体験*に参加したことがある。新潟の米どころで、香り良いわらに囲まれて稲を刈った。たった数時間の作業だったが、終わるころにはヘトヘトになっていた。晴天で、汗ばんだ肌にそよぐ風が気持ちよかった。穀物

農家の稲刈り体験　稲の持ち方や鎌の使い方など、稲刈りの方法を教えてもらいながら実った

を通じて人と人とのつながり、食と文化の多様性、生きることや育てることのたいへんさを実感した。それからしばらくはコシヒカリしか口にしないほど、その土地と人々に愛着を覚えたものだ。

そんなことを考えていると、

「今日の食育活動はピーマンの収穫*をしま～す」

と高森さんが子どもたちに宣言した。なるほど、これならトウモロコシの皮むきよりはいくらかマシだ。

夏の陽射しが照りつける中、高森さんが子どもたちに声をかけた。

「帽子をかぶってね～。外は暑いよ～」

それぞれ違った遊びを楽しんでいた子どもたちが、ピーマンを育てている鉢のあるバルコニーに次々と集まってくる。

「大原先生～、ピーマン入れるカゴ、そのへんにありませんか～？」

そう聞かれ、私は急いで空いているおもちゃ入れを手渡した。

その後、収穫し終えたあとのバルコニーは、掘り返された土であちこち泥だらけだった。収穫代表から漏れた子どもたちが退屈しのぎに土いじりをしたのだ。

稲を収穫した。ふだん鎌など持ったこともなく、最初は勝手がわからなかったが、コツがつかめてくると次第に上手に刈れてくるのが楽しかった。

ピーマンの収穫
ピーマンは比較的育ちやすい野菜で、陽当たりの良い場所に置いておけば勝手に実がなっている。保育園にはピーマン嫌いの子が多いが、収穫だけは競ってみんなやりたがる。

「今日の食育活動は、ピーマンの収穫だったよ」

1歳上の3歳児クラスの保育士とすれ違ったとき、「うちのクラスはナスでした」と言われ、私は思わずうなずいた。

その日の給食のメニューは「ナスとピーマンのみそ炒め煮」だった。


保育室へ戻った私は、その日の食事介助係*を仰せつかった。私は食事用エプロンをかけ直して配膳の役に加わった。

「今日の献立は、ナスとピーマンのみそ炒め煮です」

私が「本日のメニュー」を読み上げると、園児たちから「あ〜」という落胆の声が漏れた。

「ええぇぇ」「いやだ」……。

落胆の表情とともに、子どもたちの素直で正直な感想が飛び交う。この場に栄養士や調理師がいなくて本当に幸運だった。

子どもたちがいっせいに食べ始める。2歳児クラスも後半に入ると、保育士の食事介助はほとんどが「お茶汲み」である。空になったコップに麦茶をつぎ足し、

食事介助係
食材をより細かく食べやすくする、子どもが頬張りすぎないよう少しずつ口に運ぶ、落としたおかずを口に入れないよう注意するなどなどで、1人の保育士で園児5〜6人ほどを担当する。この当時はコロナの影響で「黙食」が推奨されていたため、「おしゃべりしないで食べようね」と何度も言わなければならないことがつらかった。

床に転がっている食材をいくつか拾いあげるぐらいで、乳児のそれとはケタ違いに楽な介助である。その合間、食材と格闘している子には励ましのエールを、完食した子にはおかずを補充*する。

食事の時間が終わる。その日穫られたばかりのナスとピーマンのみそ炒め煮は、その半分が食べ残されていた。「最初に減らす」「残しても良い」とする保育園が多くなり、残飯はかなりの量である。

私は早々に食後の片づけ作業に取りかかる。まだ食べられるものをバケツに入れて処分するのは思いのほかストレスがたまる。まるごと捨てられる食材を見ていると心が痛み、「もったいない」とどうにもならないもやもやが生まれる。

「食育」ってなんだろう？　そんなことを考えさせられる光景であった。

某月某日　**鼻ほじ競争**：小さなかたまりはどこへ？

立冬にもなると、担当クラスの子どもたちともすっかり仲良くなり、さらに言

完食した子にはおかずを補充　この園では、嫌いなおかずを残した子は、好きなおかずをおかわりできない、というルールだった。そのため、好きなおかず食べたさに嫌いなおかずを頑張って食べようとする子、嫌いなおかずを食べるくらいなら好きなおかずをあっさりあきらめる子…子どもの性格が感じ取れて面白かった。

えば、礼儀とか遠慮が良くも悪くも姿を見せなくなる。
派遣保育士にとって、子どもたちが自分を信頼してくれ、登園と同時に満面の笑顔を見せてくれるようになるのは嬉しい。しかし、鼻の穴に指をつっこみ収穫した粘着物をあいさつ代わりにこすりつけてくるのはいただけない。保育士たるもの、その程度でひるんではいけないと思いつつも、反射的に顔をしかめてしまう。*

かなり昔の話だ。道を歩いていると、向こうから紺色の剣道着と綿袴を身につけた小学生と思しき男児が近づいてきた。丸刈り頭に、肩にかついだ竹刀が凛々しく、見入ってしまった。するとちょうどすれ違いざま、彼は空いたほうの手で鼻の中をグリッとかき回すとその指をパクリとくわえ込んだ。その動きがあまりにも流麗すぎて、私はその場に立ちすくんでしまった。

今でも園児たちが鼻ほじりをしていると、あの光景がよみがえる。園児たちが自分たちの発掘したものをどこに持っていくか、期待と不安が入り交じったアンビバレントな緊張が続くのである。

「せんせ〜、見て〜」

顔をしかめてしまう
「汚い！」と本音では言いたい。けれども、保育士としてそんなストレートな表現はできない。そこで「お指、拭こうか」と声がけする。「いやだ！」と一刀両断されることもしばしばある。

３歳のバースディを終えたばかりのコウキ君は、ブロック遊びの完成物にご満悦である。ご満悦すぎて人差し指が鼻の中に入ってぐりぐり動いている。

コウキ君は私の手を取り、作品のありかまで連れて行ってくれようとする。反対側の人差し指には小さなかたまり*がついたままだ。私はティッシュを抜き取り、コウキ君の指先を包んだ。

「ほら、ここがね、すごいんだよ」

コウキ君のブロック作品は５階に積み上げられ、各階にはパンダやネコ、ワニのおもちゃが鎮座している。

「すごい大きな動物園だねえ〜」

「ちがうよ、立体ちゅうちゃじょーだよ」

各階の動物はクルマの代わりのようで、５階建ての立体駐車場らしい。休日に家族でショッピングモールに行った際に見たのだと丁寧にも説明してくれた。

「ちょっと見ててね」と言いながら、コウキ君は５階建ての立体駐車場の上階に増築を始めた。幼い設計家の横で私は周囲の子どもたちを見守っていた。

室内には園児が16人いる。お絵描きチーム、粘土遊び*チーム、平面パズルチー

小さなかたまり　このときはティッシュペーパーで拭き取ることができたが、多くの場合、小さなかたまりは「行方不明」だ。１日にのべ数十回、鼻ほじに遭遇するのだが、ティッシュに丸められる率は１割にも満たない。残りの９割はいったいどこへ行ったのか、考えるだけで空恐ろしい。

粘土遊び　最初にケーキやアイスク

ムに分かれている子どもたちに目を向けていると、案外、女の子も鼻をほじほじ*しているということに気づく。

私は興味本位*で、5分のあいだに男の子と女の子のどちらが多く鼻をほじくるか、観察してみようと思った。われながらくだらないと思いながらも好奇心には勝てない。

「男チーム、コウキ君、1ポイント」「女チーム、つむぎちゃん、1ポイント」……。

心の中でそんなことをやっていると、高森さんがいそいそとやってきた。私がよほど暇そうに見えたのだろう。

「大原先生、クリスマスツリーの型紙、手伝ってもらえますか～」

赤と緑の画用紙とハサミを手渡される。画用紙にはすでにモミの木をかたどった線が鉛筆で引かれていて、あとはそのとおりに切るだけである。しかし、アクシデントは前触れもなく起こる。

ハサミを受け取った私の指先にねっとりとした米粒大のかたまりが付着した。

私はすぐさまポケットのティッシュで拭き取った。その様子を見ていた高森さん

リームを作り始める。アイスクリームがソフトクリームになり、ソフトクリームからコーンが外れてウンチになって…が毎回続く。ソフトクリームを作り始めた段階で行き着く先はわかっているので、注意をしようかとも思うが、ウンチを作って大喜びの園児たちの姿を見るとやはり嬉しくなる。園児の中にはそれを舐めてしまう子もいるので、2つの意味で注意しなければならない。

女の子も鼻をほじほじ
「男の子だから」「女の子だから」と言ってはいけない。それでもやはり女の子の鼻ほじほじは、見てはいけないものを見てしまった気がする。ただ、女の子の場合は指摘すると恥ずかしがるという点で男の子とは違う。

興味本位

が心配そうに見つめる。

「あ、すみません。拭いておくのを忘れちゃいました～」

「えっ？　もしかして、これ、高森先生の？」

「うん、私のだと思います」

一瞬の間があった。顔を見合わせ、互いに瞳の奥をうかがう。

「やだ～、大原先生、それ、でんぷんのりですからね」

何かに勘付いたように高森さんが大笑いしながら、私の肩を叩く。

「ですよね。私、一瞬、アレじゃないかと」

保育士二人が笑い合っているのを見て、子どもたちが何か楽しいことでもしているのかと近寄ってくる。

「え～、なになに～、何がおもしろいの～」

「いや、なんでもないのよ」

そう説明すると、子どもたちは不思議そうに私たち二人の顔を見くらべた。


興味本位で、鼻クソを食べた子に「どうして食べるの？」と尋ねてみた。「なんとなく」「……（無言）」のほかに、「おいしいから」という堂々たる回答も。

某月某日 **避難訓練**：今じゃないでしょ!?

あおぞら保育園では毎月1回、避難訓練*が行なわれる。園の行事予定表には記載があるが、私のような派遣保育士に口頭での説明はない。役割がとくにないからでもあるが、事前に知らせないことで緊張感を持たせる意味合いもあるらしい。

保育中に突然ベルが鳴り、何事かと戸惑っていると、すぐに園内放送が入る。

「みなさん、火事です。火事です。調理室から火が出ました。急いで避難してください」

声の主は園長だ。高森さんが冷静に子どもたちを集め、足元に座らせる。驚いて固まってしまう子もいるが、高森さんはいつもどおり優しい言葉でフォローしながら防災ずきん*をかぶせる。おしゃべりを禁止し、避難靴を履かせる。派遣保育士の私も、高森さんを見よう見まねで行動する。

あるとき、おむつ替えの途中に防災ベルが鳴り響いたことがあった。うんち処

避難訓練
児童福祉法の中の児童福祉施設の設備及び運営に関する基準（第6条）という法令で、少なくとも毎月1回、避難訓練を行なわなければならない、と規定されている。東日本大震災の際には、こうした訓練の成果が見られたとされる。

防災ずきん
不謹慎かもしれないが、じつは私は防災ずきんをかぶった子どもたちの姿

理中である。「今じゃないでしょ⁉」と天を仰ぐ気持ちだった。すでにほかの子どもたちは部屋の隅で小さく寄り集まって座っている。人数を数えて足りないと知った万福さんが、トイレまで私たちを迎えにきた。

「先生、そのまますぐに来てください！」

マニュアルどおりの指示だったとは思うが、子どものお尻にうんちかすを残したまま、避難させられるはずがない。

「ちょっと待ってください」と作業を続けようとすると、

「先生、早く！」と怒鳴られた。「避難訓練」と「うんち処理」を天秤にかけたら、どっちに傾くのだろうか。急ぎおむつを穿かせると、すぐさま万福さんが連れ去ってしまった。「かす」はくっついたままだった。

また、ある園では、園庭に怪しい身なりの男性がいたことがある。私以外の保育士は誰も気がついておらず、幸い子どもたちとは距離があったので、私は目を離さずに監視していた。やがて防災ベルがけたたましく鳴り響いた。

「不審者、侵入！」園内放送がそう告げた。

あっ、そういうことか。その時点で、私はようやく「不審者」が変装した同僚

が愛らしくて仕方ない。子どもたちを守るという使命感は持ちつつも、着ぐるみ状態の子どもたちの可愛さで私の気はゆるみまくりである。

男性保育士だということに気づいた。いつものように保育士たちは淡々と子どもを避難させ、無事に避難訓練は終了した。

「うまく変装*しましたね。全然わからなかったです」

「鏡を見たら、怪しすぎるんで、やりすぎちゃったかなと思ってたんですけど」

「不審者の素質あるんじゃないですか？」

「ヘンなこと言わないでくださいよ」

訓練終了後、不審者役の男性保育士を、同僚の保育士と何人かの子どもたちが取り囲む。「アヤシイ、アヤシイ」と子どもたちは大喜びだ。大役から解放された男性保育士はつけ髭を外しながら得意満面だった。

火事発生にしろ、不審者侵入にしろ、避難訓練の大切さは十分に理解している。われわれ保育士が、自分の命にかえても子どもたちを守るという使命感もある。だが、派遣保育士に与えられた役割はインスタントである。園の防災マニュアルなど見たことはないし、避難訓練が終わったあとのフィードバックにも参加しなければ、どの保育士がなんの役割を担っているのかも知らされない。私はふだんどおり避難訓練を業務の一つとして淡々とこなしていく。

変装
この男性保育士に限らず、行事やイベントで変装したがる保育士は多い。ハロウィンはカボチャや魔法使い、クリスマスはサンタクロースやトナカイ、節分は鬼…と保育園ではコスプレのチャンスがたくさん訪れる。子どもたちも大好きな仮装だが、保育士だって負けてはいないのだ。

某月某日　交通誘導員さながらの……隊列は進む

年に1度、さらに大がかりに行なわれるのが、「広域避難場所」*までの避難訓練である。この日に出勤が重なると、どうしても損した気分になってしまう。

保育士は全員、防災ヘルメットを着用し、園児の列を誘導しながら、町中を歩いて1キロ先の「広域避難場所」にたどり着かねばならない。永遠の少女・高森さんもまったく似合わないヘルメットをしっかりと顎で締め、園児たちを先導する。

防災ずきんをかぶった園児たちの隊列は端から見れば微笑ましい光景だろうが、すぐに歩き疲れる子どもたちを長時間歩かせるのだ。何事も起こらないわけがない。

「せんせ〜、なんか落ちてる〜」

一人がしゃがみ込めば、手つなぎしている相方の子もしゃがむ。やがて前後の

広域避難場所
地方自治体が指定した大人数を収容できる避難場所。近隣の大きな公園や広場などが指定されるため、保育園からの距離もおのずと遠くなる。このとき園児たちは非常用の靴を履くのだが、年度当初に準備された靴では成長著しい子どもの足が入らないときもある。

子どもたちがしゃがんで、ついに歩道はしゃがみ込む子どもたちで封鎖される。*

「ちょっと、どうしたの？」

私は足早に駆け寄った。

「きゃあぁぁぁ！　ムカデ！」

勢いあまって後ろの子をお尻で突き飛ばしてしまうところだった。見つけたのはすでに息を引きとった小さなムカデだった。

体長3センチほどのムカデをこのまま放置すれば、後続の班に見つかるのは必至。また渋滞が生じてしまうだろう。

私はそばに転がっている小枝を手に、その枝先で死骸を拾った。私の行動を見た子どもたちはモーゼの海割りのようにさっと左右に分かれ、私はそのまま街路樹の植え込みへと死骸を安置し、再び隊列を整える。

「なんで死んじゃったの？」

「誰かに踏まれたのかもね」

「なんで踏まれたの？」

「ちゃんと前を見て歩いてなかったんだろうね〜」

子どもたちで封鎖される
散歩中、保育士はつねに歩行者に「すみません」と頭を下げながら通行しているし、こんなときはなおさらである。だが、子どもがこうして散歩中に歩道を封鎖してしまっても、すれ違う大人の大半はにこやかに迂回してくれるし、自転車も速度を下げて通過してくれる。日本社会は子育てに冷たいなどといわれるが、案外そうでもないかもしれないと思う瞬間である。

「ムカデがなんで踏まれたか」の答えにはなっていない気がしたが、真面目くさった顔でそう答えると、

「わかった～」

と子どもたちは納得してくれ、ようやく隊列はゆっくり前に進み始めた。

ムカデの死骸、錆びた釘、メントスの空袋、黒マスク、ペットボトル……大人からすればなんの変哲もない路面のゴミが、彼らにとっては見逃せない何かなのである。

「せんせ～、ひゅうが君、おむつ見えてる～」

何事かと思って振り返ると、ズボンのゴムがゆるんで足元までズリ落ち、おむつ丸出しの子どもがいた。

ひゅうが君には兄がいて、ズボンはいつもそのお下がりだ。サイズが合わないのと、ゴムがゆるんでいるせいで、彼はいつも腰ばきなのである。忙しい保護者はズボンのゴム替えまでなかなか手が回らないのだろう。当のひゅうが君は手つなぎペアの女の子に遠慮のない指摘をされ、恥ずかしそうにうつむいている。

「こんな格好で、ずっと歩いてたの？」

某月某日「おはよう」から「おやすみ」まで：保育士の一日

私も含め、引率の保育士たちは周囲の安全に気をとられ、子どもの身なりにまで目が行き届かなかった。ごめんね、ひゅうが君。

目的地に到着すると、副園長から説話があった。上手に歩けたことや帰りも気をつけて、とひととおり話が終わると、まもなく帰路の準備にとりかかる。遠足ではないから、とんぼ返りである。

帰り道は、疲れと飽きが生じて、子どもたちのグズりやおふざけが出始めるデンジャラスな時間である。飲料水や救急箱を背負った保育士*の疲労も次第に増してくる。なんとか無事に帰ることだけを誰もが願いながら歩き続ける。

その日の連絡帳には「今日は避難訓練をしました」とだけ記載された。

そこには保育士たちの交通誘導員さながらの苦労が記されることはない。せめて「避難訓練手当」ぐらい支給してくれても罰は当たらないはずだ。

飲料水や救急箱を背負った保育士
防災用品がリュックにひととおりセットになっていて、かなり重い。誰が背負うかはとくに決まっておらず、常勤保育士から「お願いします」と依頼されることも。このときは万福さんがかって出てくれた。

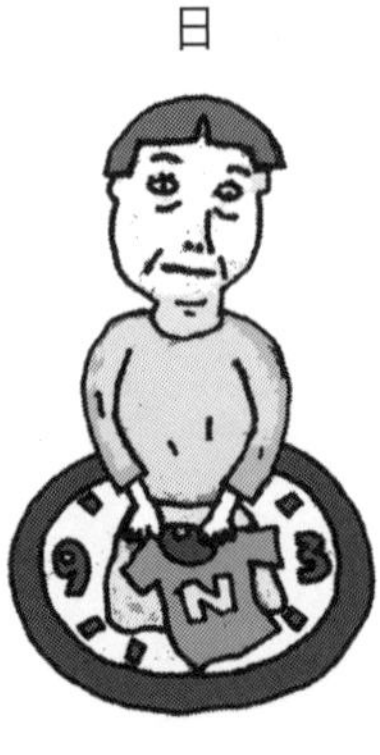

朝5時半、日の出とともに目が覚める。今日も目覚まし時計より早く起きてしまった。加齢とともに年々朝の目覚めがよくなっている。

8時半に家を出るまでのあいだ、洗米・炊飯のセット、洗濯、風呂掃除、トイレ掃除、ゴミ集め、弁当づくり、朝食づくり、食器の片づけを淡々とこなしていく。8時に2人の子どもを学校に送り出すまでに、その日の家事の大半を片づけてしまう。シングルマザーでほかに頼る人がいないとなれば、全部自分でするしかない。ただ手際の悪い夫を叱責するよりははるかにストレスが少ないとも思う。

駅まで徒歩5分、電車を乗り継いで35分、駅からあおぞら保育園まで徒歩8分。業務開始時間の10分前に保育園に入る。

9時半から仕事がスタート。「遅番」の私よりあとに来る保育士はほとんどいない。保育室に入ると、子どもたちが朝の補食を終えたところだった。

「せんせ～」子どもたちがわらわらと私の近くに集まってきて、元気に声をかけてくれる。

「おはよう～。元気？　朝ごはん、何食べてきた？」他愛ない会話を交わしながら、園児たちの顔色や表情をチェック*する。

顔色や表情をチェック　子どもたちの首筋にそっと手を当て、熱がないかどうか、また傷や吹き出物がないかなども確かめる。子どもの唇にヘルペスがあれば、感染する可能性があるので注意が必要。子どもを安全に預かれるかどうかの判断は欠かせない。体調が悪そうな子がいれば、すぐさま担任保育士に報告しなければならない。

続いて高森さんとその日の活動の打ち合わせ。派遣保育士の自分がその日どう動くか、たいていはそのときに決まる。お休みの子、体調が悪い子、早お迎えの子など、共有すべき情報もそのときに伝えられる。

あおぞら保育園では、10時に「朝の会」が始まる。園児を整列、着席させ、高森さんが出席をとりながら、1日の活動の流れ（お散歩に行く、園庭に出る、制作をするなど）を園児たちに説明していく。

「今日はこのあと、お庭に出ます。寒いので上着を着てください。あと、帽子も忘れないでね」

言い終わるや否や、園庭で早く遊びたい子はすでに立ち上がり、万福さんからやんわりとたしなめられている。

午前の活動のあとは昼食である。その日の配膳係の万福さんが手際よく配膳していく。配膳が終わるタイミングを見計らって、子どもたちが園庭から戻ってくる。私の役割は日によっていろいろだが、今日は「着替え・手洗い番」である。園庭で泥だらけになった子どもたちを着替えさせ、手洗いをすませるよう声をかける。

ふと見ると、元気な男の子２人組が、蛇口を親指で押さえて勢いよく水を噴き出させて大喜びしている。

「あさひ君、いつき君、蛇口を押さえないでね〜」

「は〜い」と言って、２人組はすぐにやめる。素直でよろしい。

食事が終わると、午睡である。子どもたちを寝かしつけ、出勤時間の早い保育士から昼休憩に入る。早い人は11時半からで、「遅番」の私は13時半ごろ*からだ。持参した弁当を食べ、１時間の昼休憩が終わったころ、子どもたちの午睡も終了する。保育室に戻り、子どもたちを起こしてまわり、覚醒した子から順番におむつを替えていく。

スッキリした子から手洗い、おやつという流れで、午後は私が配膳係である。毎回手の込んだおやつが準備されていて、今日は一番人気の「さつまいもドーナッツ」だ。焼き菓子はポロポロと細かく崩れ、床に破片が散乱する。床掃除はもちろん、落とした破片を子どもたちが口に入れることも阻止*しなければならない。

おやつが終わると午後の自由時間。子どもたちは思い思いの遊びにふける。保

13時半ごろ
あおぞら保育園では、「遅番」は13時半ごろに休憩となったが、職員体制や会議の都合などで前後することもある。早いときだと11時ごろに休憩となり、そうなると昼からの勤務時間が6時間近くぶっ通しになる。20人前後の子どもたちが安全に活動できるよう、注意深く緊張感を持って見守るにはなかなか酷な状態である。

口に入れることも阻止
園児の動きは素早い。保育士の一瞬の隙をついてうまく口に運べた子の表情はなんとも憎めないとしても、衛生上、笑って見すごすわけにはいかない。口から吐き出させることができないとしても、次また同じことをしないよう優しく諭さねばならない。

育士はそばで見守るか一緒に遊ぶか、時と場合にもよるが、一日で一番心安らぐ時間ともいえる。ただ、噛み癖のある子や午睡できずにテンションが上がる子など、相変わらず気は抜けない。いつも活発なトモちゃんがなんだかおとなしい。熱を測ってみると37・1℃ある。*すぐに高森さんに報告する。この時間は細く長く、注意力を持続させなければならない。

やがて夕方4時をすぎると早お迎えの子どもたちが降園し始める。ひとり、またひとりと保育室をあとにするのだが、保護者と園児が抱き合い、親子の絆を実感する幸せな光景が見られるのもこの時間である。迎えに来た保護者に抱き着く子どもたちを見ていると、保育園でどれほど笑顔ですごしていても、やっぱり親には勝てないな、と実感する。

この日の勤務は午後6時半まで。延長保育の子が数人残っているが、あとは最遅番の保育士にまかせて帰りの準備をする。

混み合った電車内で夕食の献立を考えながら、午後7時半すぎに帰宅。

「ただいま〜」

玄関を開け、身支度を整えながら、3分後にはキッチンに立っている。缶ビー

熱を測ってみると37・1℃
37・5℃を超えるとお迎え要請の電話を検討し始め、38℃を超えると例外なく保護者に連絡する。平熱には個人差があり、37℃を超えていても元気でなんら問題のない子もいる。保護者にとっては、急に保育園から連絡が入ってあたふたするし、仕事の手が離せず「すぐ行きます」と即答できない事情もよくわかる。実際、保護者に連絡しても電話がつながらない場合も少なくなく、その間、発熱した子は別室に隔離され、保育士が1名付き添うことになる。咳や鼻水がひどいとほかの子に

ルを注ぎ、右手にグラス、左手にフライパン、やっと自分に戻れる時間である。

午後8時ごろに娘2人と3人で食卓を囲む。

「こういうイケメン、ママの好みじゃない？」

「ええ〜、ちょっと線が細すぎるかも」

「えっ、私は好きだけど」

「でも、絶対整形だよね。こんな鼻筋、不自然すぎる」

「ねえ、すごく失礼だし」

「本人に言ってるわけじゃないからいいでしょう」

できあがった食事を口にしながら、娘たちとその日の出来事をしゃべったり、テレビに映った芸能人の話に花を咲かせたり……。

午後11時、布団に入ると同時に録画しておいた「キューピー3分クッキング」*を観る。これが至福のルーティンである。番組内で料理ができあがるころには睡魔に勝てず寝落ちしている。


感染し、集団感染につながることもあるので、保護者には申し訳ないが速やかなお迎えをお願いしたいところである。

「キューピー3分クッキング」 1963年から続く老舗の料理番組。今年60周年を迎える。番組名に「3分」とあるが、実際の放映時間は10分。料理も3分でできるメニューは一つもない。ジャンルや食材、担当する先生がさまざまで、季節感ある料理を紹介してくれる（実際は自社製品の紹介だったりする）ので、料理好きの私としては絶対に外せない番組である。しかし、私が自宅で使うのは別メーカーのマヨネーズである。

某月某日　**クラスだより**：サービス残業はこっそりと

毎月1回、「園だより」が保護者に配布される。「園だより」には、家庭への連絡事項、避難訓練や身体測定などの園行事、さらに子育てに役立つ情報が掲載されている。

その「園だより」とは別に「クラスだより」という発行物もある。小・中学校でいうところの「学年だより」と同じ位置づけである。「クラスだより」は、各クラスの担任保育士が自ら企画立案し、原稿も自前で用意する。

原稿締切の週になると、担当保育士がいつもと違った動きをする。クラスを抜けて事務室にこもる。「ははあ、金曜日が締切だな」と推測できる。

最近はパソコンを使いこなす保育士も増えてきた。パソコンが得意な保育士なら、原稿をとりまとめて、短時間で体裁のよい「クラスだより」*を作りあげる。

しかし、不得意な保育士もいて、とりわけ中高年の保育士になると苦手な人がほ

＊体裁のよい「クラスだより」

とんどである。若手に教わりながらなんとか編集技術を身につける人、最初から無理とあきらめて一切パソコンに触れようとしない人、さまざまである。

ある雨の日、室内遊びに使う巧技台*を設置しようと、私が園の廊下を行き来しているときだった。1歳児クラスの担任・白石さんが、パートのベテラン保育士と二人で、あどけない1歳の乳児を撮影しようと、あれこれショットを探っていた。

「モカちゃん、こっち向いて〜。ホレホレ、こっちだよ〜」

二人がかりでカメラを向けられ、園児はすこぶる迷惑そうな面持ちだ。巧技台が当たらないように、私は不自然な姿勢のまま身をよじり、重い台を抱えながら廊下の端を進んでいく。私は往来の無礼を詫びながら何気なく尋ねた。

「写真撮影ですか？」

「ええ、今日がこの子のお誕生日なんです。だから、笑顔の写真を『クラスだより』に載せてあげたいんですけど、なかなか笑ってくれなくて……。すみません、邪魔ですよね。ごめんなさい」

白石さんは30代半ばだが、転職組でこの園では新参者らしい。誰にも彼にも遠

最近は、インターネットで「クラスだより」の雛型がダウンロードできたりするため、必ずしも園オリジナルの「園だより」「クラスだより」ばかりではない。また紙の配布をやめ、ネット上のブログなどで「園だより」「クラスだより」としている保育園もある。

巧技台
平均台、鉄棒、跳び箱、すべり台、はしごなどの遊具のこと。それぞれを組み合わせて使用することで多様な動きを経験でき、運動能力の向上や柔軟性、チャレンジ精神を養う。固定遊具ではなく、組み立てて使用するので、毎回設置と撤収が必要となる。

慮して、派遣保育士の私にまで気を遣っている。

「今日は無理そうですね。明日また撮りましょう」

白石さんとパート保育士がうなずき合う。思うようなショットが撮れず、明日に持ち越すという。子どもの可愛い写真を撮りたい熱意だけは伝わってきた。


後日、どんな写真が掲載されているのかと、園の掲示板に貼られた1歳児クラスの「クラスだより」を見てみた。不思議なことに、どこにもモカちゃんの写真は載っていなかった。可愛い写真が撮れなかったのか、保護者が掲載を許さなかったのか*……。

「白石先生、『クラスだより』にモカちゃん、載っていませんでしたね」

帰りがけに、残業している白石さんに声をかけた。事務室は薄暗く、パソコンの画面だけが明るく輝いている。おそらく残業してはいけないところを、無断で作業しているのだろう。

「ええ、写真が間に合わなくて……。残念です」

「あれからまた撮影したんですか？」

＊保護者が撮影を許さなかった
基本的に写真を撮影・掲載する場合は、被写体が園児であっても保護者の許可を得る必要がある。なかには「クラスだより」への写真の掲載を嫌がる保護者もいる。

「そうなんです。でも結局、原稿の締切日をすぎてしまって。私って、いつも仕事が遅いんです」

基本的に、「クラスだより」は毎回同じスタイルで制作されている。あらかじめ定まったフォーマットがあり、そこに文章や画像を流し込む。園長の最終チェックが入るので、突拍子もないネタなどは入れられない。

あおぞら保育園には編集用のパソコンは1台しかなかった。園では新人の白石さんは先輩たちに遠慮して、この時間に作業しているのだろう。

「こんな時間まで残業して、残業代はちゃんともらっていますか」

老婆心*とは思ったが、聞かずにはいられなかった。

「仕事が遅いのは自分のせいなのでいいんです」

いわゆるサービス残業だ。園側としては、サービス残業をさせるつもりは毛頭ない。以前は、自宅に持ち帰って作業している保育士も少なくなかった。しかし、今は個人情報保護の観点から、あらゆるデータを外に持ち出すのは禁止された。

勤務時間内にできなければ、白石さんのようにこっそり残業*するしかない。

自分の子どもを保育園に預けていたとき、私は連絡帳に挟んである「クラスだ

老婆心
保育士に転職する前は年配者の多い職場で、私などは若いほうだった。保育園には20代の保育士が多く、娘ほどではないにしろ、「なんとかしてあげたい」という気持ちが強くなる。かつて自分も多くの上司に良くしてもらったから、自分もそうありたいと思うのかもしれない。

こっそり残業
労務管理上、勝手に残業することは禁じられているはずなのだが、園長や副園長も帰宅したあとで誰にも見咎められず、それでもやむにやまれず残業となっている。時給で働く派遣保育士からすれば、信じられない光景である。

より」をざっと読むと、ダストボックスの底に敷いて処分していた。これほど労力をかけて制作されたと知っていたなら、もう少し違うかたちで読んでいたかもしれない。

「私が前にいた園では、アプリでクラスだよりを配信してましたよ。連絡帳も、全部スマホのやりとりでした」

私がそう言うと、白石さんが、

「私が前にいた園もそうでした。園によって、全然違うんですよね」

と言い、顔を見合わせて笑った。私たちのような転職組*には「園によって違う」というフレーズは心地良い。井の中の蛙のような園長がいれば、なおさらである。この園のやり方がもっとも正しい、という顔をしていても、自園の常識は他園の非常識なのだ。

「この園も早くアプリで配信になればいいですね」私がそう言うと、

「年配の人たちは使いこなせないんじゃないですかね」

マウスから手を離し、律儀にも椅子ごとこちらに向き直った白石さんがそう答えた。

転職組
新卒からずっと勤めている保育士もいれば、他園を退職して入職した保育士など、保育士の経歴はさまざま。転職組では、社会福祉法人を辞めた、幼稚園を辞めたといった「保育業界」からの転職者が一般的で、私のように他職種からの転職組は少ない。

布おむつから紙おむつに変わったときも、紙おむつは吸収力が良すぎて濡れた感覚が把握しづらいなどと、布おむつの良さを言い続ける人がいたと聞く。それでも今、園児のほとんどが紙おむつを穿いているし、それを疑問に思う人もいない。

「無理しないようにね」と私が声をかけると、白石さんは、

「あと30分もあれば終わります」と笑い、私を見送ってくれた。保育園を出ると、あたりはすっかり暗くなっていた。

某月某日　最終日：「明日の次は、来る？」

あおぞら保育園での勤務最終日、私はいつもより少し早く登園*した。

ロッカー*内部に首をつっこみ、半ば隠れるように拭き掃除をしていると、五月さんが更衣室に入ってきた。

「大原先生、今日で最後ですね」

少し早く登園
更衣室のロッカー掃除を先に終えておけば、夕方はいつもの電車で帰宅できる。帰り際に別れのあいさつをされるのが苦手だからでもある。

ロッカー
保育士には常勤・非常勤を問わず、それぞれにロッカーが一つ割り当てられていた。保育園を去るときにも、ロッカーの中に不要品などを残したままの人、荷物だけを片づける人、自ら雑巾を持ってきれいに掃除していく人とさまざまである。自分用にロッカーを準備してもらい、使わせてもらったのだから、拭き掃除ぐらいしていくのが当たり前だと私は考えていた。

「お役に立てたかどうかわかりませんが、楽しい時間をすごさせてもらって。機会があれば、またいつかこの園を訪れたいです」

「そう言っていただけると嬉しいです。次の保育園は決まっているのですか？」

「はい。派遣元から『あっち行け、こっち行け』とこき使われるもので。明日も登園してきます」

派遣事情に詳しくない五月さん*はあちこち転園する私のことを不憫に思っているらしく心配顔だ。私は五月さんから逃げるように一足先に保育室へ向かう。

午後4時半をすぎると、早番の保育士たちが退勤し始める。他クラスを含め、顔見知りの保育士たちが私のもとを訪れ、別れのあいさつをしてくれる。

「大原先生、いろいろとありがとうございました」

「こちらこそ、ありがとうございました」

保育士同士が頭を下げ合っている様子に興味を覚えたのか、子どもたちまでわらわらと寄ってきた。

「え〜、なになに？」

派遣事情に詳しくない五月さん
人材派遣の仕組みを詳しく理解している保育士は多くない。保育業界に派遣労働者が登場して20年以上経つが、当初は「派遣で保育の質が保てるのか」という議論があったようだ。現在、派遣保育士の立場で立派に活躍している同僚はいくらでもいるし、常勤（正社員）になれないのではなく、なりたくないので「派遣」を選択している、という保育士も多い。

「大原先生、今日で最後なんだ〜。明日はもう来ないのよ」高森さんが言った。

「え？　どういうこと？」みなと君が不思議そうな顔で聞く。

「『さようなら』ってことだよ」みなと君の頬を撫でながら、私は言った。

両親の仕事の都合でみなと君のお迎えはいつも最後。*保育士が一人、また一人と退勤していくのを、みなと君は毎日経験している。

「明日の次は、来る？」

「だから、今日で最後なのよ」高森さんが穏やかに訂正してくれる。

私はもうそれ以上、何も言わなかった。大人の都合をくどくどと説明するよりも、この子たちとの最後の時間を味わいたかった。

午後6時半、私の退勤時間が来た。

「みなと君、じゃあね」私がそう声をかけると、

「またね」

みなと君がそう言って手を振った。

お迎えはいつも最後
どこの保育園でも、また小学校の学童保育などでも「お迎えが最後」の子は必ずいる。抱っこをしたり、特別なおもちゃを出したり、子どもの寂しさを十分に理解し、ふだんにもまして濃密な保育時間となる。

第3章 どうしても好きになれない子

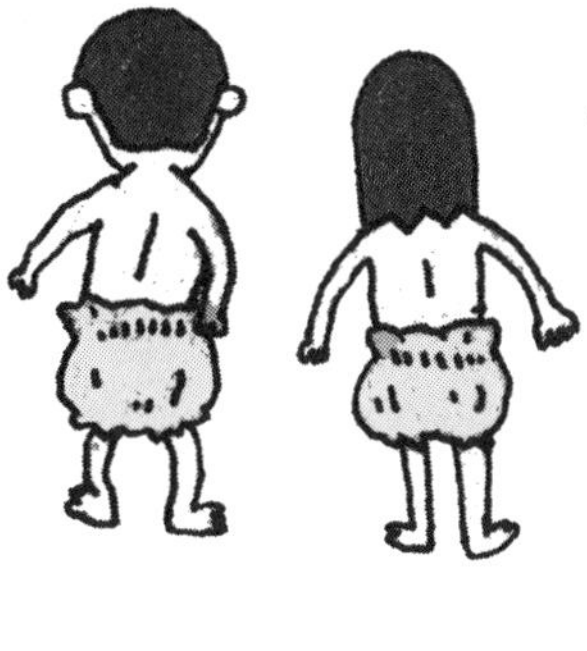

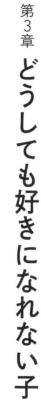

某月某日　保育士失格：嫌いでけっこう、コケコッコー！

たいていの人間は、他人に厳しく自分に甘い。私もそのひとりである。

ある保育園で勤務していたとき、子どもを選り好み*する保育士がいた。

幼いながらも自立心旺盛で、自分のことはなんでも自分でやりたがる子どもがおり、彼が可愛くないらしい。その子は両親もめったに園を訪れず、いつも祖母が送迎をしていた。いつも集団の輪を外れマイペースで、ほかの子と同じタイミングで何かすることを嫌う。無理にさせようとすると大泣きする。

その保育士は辟易《へきえき》したのか、彼に「勝手ちゃん*」とあだ名をつけた。保育士同士の会話でその子のことを「勝手ちゃん」と呼ぶ顔はじつに憎々しげであった。

たしかに扱いにくい子の類に入ったし、手がかかるのもわかるので、保育士仲間は誰もそのことを咎《とが》めなかった。ただ、私はこの人は保育士としてふさわしくない、と常々思っていて、反面教師にしていた。

子どもを選り好み
保育士も人間なので、好きや嫌いの感情は生じる。それは仕方ないだろう。大切なのは、その感情と向き合ったうえですべての子どもに平等に接するということだ。言葉でいうのは簡単だが、実行するのは容易ではない。保護者に対しての印象が悪い場合、その感情が子どもにまで投影されて、時に冷たい態度で接してしまいそうになることもある。

勝手ちゃん

そんな私が、今度は選り好みをする立場になった。

可愛いと思えない子どもがひとりいる。それまでは多少の苦手意識はないでもなかったが、子どもに対して嫌いという感情を抱いたことはなかった。どれほど手がかかる子どもでも、手がかかる理由なり、手をかけられたい思いがある。そう考えていたので「好き・嫌い」という感情は封印していた。それなのに……。

勝幸《かつゆき》君は、とにかく憎らしい言葉を連呼する。友だちに対して「貸してあげないもん！」とおもちゃを渡さない。「あっちいけよ！」と保育士を蹴りつける。給食の食べ方は行儀悪い。

しかし、そんなことは保育園では日常茶飯事であるし、ほかにもそんな子はいる。今まではさほど気にも留めなかった。

それがどうして勝幸君には、こんなに否定的な感情が湧き出るのだろう。私はふと考えた。そして、あることに気がついた。

この保育園では「子どもを否定しない」が園の方針になっていた。私が入職する際にも園長から、

「子どものやること、言うことをできるだけ受けとめるようにしてください」

保育園では子どもをあだ名で呼ぶことは禁じられている。なので、あくまで保育士同士の会話の中で用いられている。この子の場合、保護者（祖母）がお迎えの時間に大幅に遅れたり、着替えを持ってこなかったり、借りた衣類を返さないなどの問題が多々あった。このあだ名には、保護者への悪感情も含まれていた気がする。

と注意を受けた。

仕事を始めて、周囲の様子を観察していても、子どもが「貸してあげない！」と言えば、保育士は「貸したくないんだね」と共感を示す。子ども同士で「あっちいけよ！」という言葉が飛び出しても、「そばにいてほしくないんだね」とうなずく。万事こうした感じで、どの保育士も園の方針*に沿って、子どもに接していた。私も園の方針に従い、勝幸君がおもちゃを放り投げれば、黙って拾いに行き、「うるせー！」と言えば、「そうなんだね」とうなずいていた。

それまで勤務した保育園の多くでは、大泣きしている子どもがいれば「泣かないで」とあやしたり対症療法を行なっていた。「貸してあげない」と言えば、「どうして？」と問い、「あっちいけよ！」と言えば、「そんなこと言わないよ」と注意した。

しかし、何事にも共感を示し、否定をしないというのはどうなのだろうか。「子どもの気持ちを受けとめる」「子どものすべてを受け入れる」——文言だけでいえば、何一つ誤りはない。それなのに、この言いようもないむず痒さはなんだろう。

園の方針
保育園は園ごとに、行なう保育のおおよその方向性や、意向を表した保育方針を持っている。公立保育園の場合、基本的な保育方針は各自治体の定めに沿っていて、仕事の内容自体は大きく変わらない。一方、私立保育園は園によって異なり、英語教育や受験対策に力を入れる園、スポーツやアートを重視する園などさまざまである。

大泣きしている子どもがいて、「泣きたいんだね」とただ寄り添えばいいのだろうか。いや、泣きたい気持ちも受けとめたうえで、泣かずに済むように手助けするのが保育士ではないか。「貸してあげない」には「どうして?」、「あっちいけよ」には「言われたほうは悲しいよ」が、私のできることなのではないか。

この園では、否定しない〝共感療法〟が効かない場合、多くの保育士があきらめて無視をしていた。

この園に入って1カ月がすぎたある日、勝幸君から「先生、嫌い!」と言われた。勝幸君が友だちとおもちゃの取り合いをしていて、彼がおもちゃをひったくったとき、我慢できずに「そんなことしたらダメ!」と注意したときだった。

私は思わず「嫌いでけっこう、コケコッコー!」と言ってしまった。そばで聞いていた保育士が即座に睨みつけてきた。

数秒後、明らかに大人げない一言だったと反省した。冗談で言ったならまだしも、正真正銘の本音だったからである。

それから数カ月がすぎ、契約期間が終わろうとしていた。この園を去ること、そして勝幸君と会わなくて済むようになることに、やはり自分の中の「喜び」を否定することができなかった。

もし、自分がその子の保護者だったら、そばにわが子を可愛いと思えない保育士がいる、そう思っただけで私は空恐ろしくなった。

子どもと保育士、互いに愛し愛されることが理想だけれども、そういかないことも少なからずある。どうしても愛せないというのなら、せめて「愛されている」と子どもに感じさせるだけの努力を保育士はしなければいけない。それができない保育士は、保育士失格である。

あんなことはもう二度と繰り返さないと心に誓って今日もさまざまな園児たちと向き合っている。

某月某日　噛みつき癖：絶対に目を離さないで

2歳児ともなると、目に見えて個人差が出てくる。言葉が早い子は友だちや保育士と言葉でコミュニケーションがとれるようになってくる。反対に、言葉がまだ出ない子は、噛みつくことで「嫌だ」と意思表示したりする。

都心の住宅街に位置する保育園に派遣されたときも、噛み癖*のある子どもがいた。担任の保育士から「元太君は噛み癖があるので絶対に目を離さないでください」と言われたので、しばらく注意して保育をしていた。

園では、日に何回か、子どもたちが密集してすごす時間がある。着替えのとき、おむつ替えのとき、清掃のとき。そういうときがもっとも危険だ。

着替えのとき、事件が起きた。

元太君の着替えを、別の男児がいたずらして引っぱった。元太君はその男児の腕にすかさず噛みついた。ほんの1、2秒の出来事だった。止める間もなく、引き離すのがやっとである。噛まれた男児は泣き出した。腕に歯形がクッキリと残り、すでに赤みを帯びて痛そうだった。

すぐに園の保健室に連れて行き、看護師に見せて冷やしてもらった。一瞬ざわざわしたクラスはすぐに落ち着いたが、そばにいた別の園児が怯えて保育士に抱っこをせがんでいた。

噛みついた元太君を責める保育士はいなかった。またかという表情で、淡々と

噛み癖
乳歯が生えそろっているので、噛まれると保育士もケガをする。言葉がうまく出ない子に多く、気持ちを表現する手段が「噛む」という行為になっている。噛まれた子は痛がって大泣きし、その後は看護師に手当てしてもらい、担任保育士に報告…とかなり大事になる。現場ではこうした事故を未然に防ぐよう、保育士は四六時中神経を尖らせている。

準備にとりかかる。元太君は隔離*された。

「大原先生、元太君についてもらえますか？」

担任保育士の指示により私がそばにつくことになった。気持ちが落ち着くまで、ほかの園児と一緒に遊ばせないよう、元太君には特別におもちゃが与えられた。木でできた電車をレールの上に走らせながら、元太君は遊びに没頭していた。

夕方の降園時*、噛みつかれた子どもの保護者に、担任の保育士が頭を下げて詫びていた。

「痛い思いをさせて申し訳ありませんでした。すぐに冷やしたので腫れはひいたようですが、お家でも様子を見てください」

申し訳なさそうに保育士が平身低頭するので、保護者も責めるようなことは何ひとつ言わなかった。ただ、「この前も噛まれたんですけど、同じお友だちに噛まれているのですか？」と聞いた。

保育士は「まあ、そうですね……」と言葉を濁した。

あとで担任の保育士から聞いた話によれば、この園では噛んだ子の名前は言わない決まりになっているという。「聞かれれば答えるが、あえてこちらからは言

隔離
このときは、同室の端にパーテーションを立てて隔離場所を作った。噛んでしまった子どもの気持ちも高ぶっていたりするので、クールダウンの意味合いもある。

夕方の降園時
保護者と保育士が話せる数少ない機会。日中の様子を詳しく聞いてくる保護者もいれば、さっさと降園してしまう保護者もいる。この時間になると、「遅番」の保育士が保育を担当していることが多く、保護者への伝達事項も引き継がれている。

わない」というスタンスなのだという。

担任の保育士も板挟みで言いたい気持ちもあるのだが、話したところで噛まれた傷が治るわけではない。そういう思いもあるようだった。

「でも、噛まれたほうの親御さんからすれば、いつも同じ子に噛まれるんだったら一言何か謝罪がほしいかもしれませんよね」

私はふとそんな疑問を口にした。

「そうかもしれませんね」保育士がつぶやく。

「それじゃあ、噛んだ子の親御さんにはなんと伝えるのですか？」

「何も言わないですよ」

「え、噛んだこと、言わないですか？」

「言わないですね。噛むのを防げなかった私たちの責任ですから」

噛まれた子の親にも、噛んだ子の親にも何も知らされない。知っているのはわれわれ保育士だけである。*

コロナ禍で、保護者同士の交流も希薄になり、「お互いさま」の意識も持ちづらい風潮もある。保育園側からすれば「責任は園にある」ということで、どちら

知っているのはわれわれ保育士だけ
園内の保育日誌（その日の活動内容や子どもたちの様子を記録し、保育士として適切な援助方法を振り返るためのもの）の記録には残されるが、それを保護者が目にする機会はない。保育園での日常生活について、明るく楽しい話題は尽きない。しかし、その反面、保護者に言いにくい出来事も数多くある。昨今ニュースで報道されている園児の虐待事件は、その氷山の一角なのだ。

にも知らせないという方法をとっているのかもしれない。
噛んだあとで隔離され、友だちと離れてひとりで電車ごっこをしていた元太君の背中が目に浮かんできた。

某月某日　おむつ替え：なんて幸福な時間

2歳児の子は、2〜3時間おきにおむつを替える。よほどパンパンでずり落ちていない限り、今の紙おむつは吸収力が高い*のでそう頻繁に取り替える必要もない。だから、保育園ではうんち以外はいつも同じタイミングで、みんながいっせいにおむつを取り替える。

このおむつ交換は、園によってさまざまなシステムが構築されている。最近は「手ぶら登園」といって、保護者がおむつやお尻ふきを持参しなくても、すべて園側で用意してくれる「おむつのサブスク*」もある。一方、自治体や園によっては使用済みのおむつを持ち帰らせる園もある。

吸収力が高い
高分子吸収体という素材が使われるようになって、おむつは５００〜８００ＣＣものおしっこを吸収する。缶ビール２本分だからかなりの量である。

おむつのサブスク
毎月、定額の利用料を業

おむつ替えは、単に排泄の処理ではない。どのような便が出たか把握できる健康チェックの機会であり、子どもとのスキンシップ、コミュニケーションの場である。幼いながら子どもたちも自分がどのように扱われるか、しっかりと理解している。

「うんち出たね〜。スッキリしたね〜」と保育士に世話をしてもらいながら、その時間だけは子どもがその保育士を独占できる。

「そっか〜、昨日はトウモロコシ食べたんだね〜」便に混じった黄色い粒を見つけて呼びかける。

「どうして知ってるの〜」子どもが嬉しそうに笑う。

昨夜の美味しかった塩ゆでトウモロコシの話を聞きながら、子どもと保育士の時間はゆったりと流れていく。

ある日、担任保育士とパート保育士、そして派遣保育士の私は3人で手分けして20人の子どものおむつを順番に替えていた。予防接種のように、子どもが一列に並んで順番におむつ替えをさせてくれればいいが、そうはいかない。おむつ替

者に支払うことで紙おむつを保育施設へ直接届けてくれるサービスも存在する。保護者は紙おむつへの記名と保育園へのおむつ持参が不要となり、保育園でも園児ごとの紙おむつの管理が不要になり、保護者と保育園双方にメリットがある。ただ、園によっては自前でおむつを持参する保護者と、サブスクを利用する保護者とが混在したりする。こうした際、どの子どもが自前かサブスクか把握しておかなければならない保育士の負担が増えるという側面もある。

えを嫌がる子、逆にわれ先におむつ替えを求める子、混乱に乗じてひとりでどこかへ行ってしまう子……さまざまである。

しかし、われわれもプロである。担任保育士は、どの子がどういう性格で、おむつ替えのときの態度もすべて把握している。20人を先発隊・後発隊の2組に分け、チームプレーで次々とおむつを替えていく作業はやっていて気持ちいい。

おむつ替えタイムが終わって30分ほどしたとき、翔君の足元に小さな水たまりができていた。翔君のおむつ替えはパートの八田さんが担当していた。新しいおむつになって、気持ちよくてまたおしっこが出たのだろうと私は思った。

「さっきおむつ替えてもらったよね？」

そう言いながら、翔君をトイレに連れていき、濡れたズボンとおむつを脱がそうとした。私はふいに手を止めた。翔君のオチンチンがおむつの中で上を向いておさまっていた。

翔君のおむつ替えを終えて、私は八田さんに話しかけた。

「翔君の、ちゃんと下向いてませんでしたよ。だから上から漏れちゃったみたいです」

「え、そう？　翔ちゃん、自分で上に向けた*んじゃない？」

悪びれもせず、自分のせいじゃないと言わんばかりである。

八田さんは60代、週に3回、3時間ずつ勤務している。保育士資格は持っておらず*、勤続年数は長いのだが、頼まれた仕事をすぐに失念するから周囲はあきらめ顔だった。

彼女はとりわけおむつ替えを嫌っていた。内心で嫌がるだけならまだしも、「シモの世話」と呼び、嫌悪感を露骨に表すのだった。

おむつ替えの最中、便秘気味の子どもに「コロコロのうんちしか出ない？　もっと野菜食べさせてもらったら？」と嗤《わら》い、おむつが小さな子どもには「ずいぶん小さいねえ。あんたが太っちょすぎるからかな」と蔑《さげす》んだ。

あるときは1歳児のおむつを面倒くさそうに穿かせると、「早く穿きなよ。もう自分で穿けるでしょ」とズボンを足元に放り投げた。

そんな光景を目にするとただただ悲しかった。

たくさんある保育士の業務のうちでも、私はおむつ替えが好きだ。どうすれば

自分で上に向けた
どういうわけか、男の子の中には自分のおむつやパンツに手を入れ、たびたびモノをいじっている子もいて、可能性としてはなきにしもあらず、ではある。

保育士資格は持っておらず
パート勤務の中には、保育士資格を持っていない人も少なからずいる。保育士資格を持っていないのに保育士になれるのかと疑問に思うかもしれないが、資格を持った保育士が「配置基準」をクリアしてさえいれば可能。保育士資格を持たない人は「保育補助」という立場で保育士をサポートすることになる。

スキルが上がるか、日々模索している。

今日も嬉しそうに自分のおむつをいち早く持ってくる子がいる。

「大原せんせ～、替えて～」

双生児の兄・いおり君である。

「いいよ～、おいで～」

兄のいおり君を目で追いながら、弟のさとり君もやってくる。

「ぼくも～」

兄弟仲良くおむつ替えである。なんともほほ笑ましい。*

他人に委ねられる立場になったとしても、私はおむつ替えを自分でするだろう。子どもとの距離が近くなるチャンスだからだ。排泄の処理を単なる「シモの世話」で片づけてしまえば、いおり君やさとり君との交歓も生まれない。

小学生のころ、友だちが嫌う掃除を率先してやってきた。掃除が好きなわけではなかった。親や先生に褒められるのが嬉しかったのだ。保育園のおむつ替えも、子どもたちが喜んでくれるのがただ嬉しい。

自分も誰かにおむつを替えてもらって成長してきた。そして、この先、身体が

なんともほほ笑ましい
生田斗真と生田竜聖、松田龍平と松田翔太…それぞれの兄弟にもこういう時期があったのかと思うと保育士冥利につきる瞬間である。

ハートフルな作業
美化するつもりはないが、おむつ替えを通じて学ぶこと、得ることは少なくない。ただ、替えられる側としては割り切るしかない場合もあろう。成人後、事故で半身不随に

動かなくなって、誰かにおむつを取り替えてもらう日が来るかもしれない。人生は、おむつを替えてもらうことに始まり、終わる。それが、汚いと忌み嫌うのは寂しい。おむつ替えは人と人との距離を縮めるハートフルな作業*のはずだから。

某月某日　聞いてはいけないこと：不思議な質問

「ねえ、先生、何歳？」

私を見上げて啓太君が問う。

大人なら絶対にしない質問だろう。純真無垢で吸い込まれそうな瞳でこちらを見つめられ、柄にもなく動揺してしまった。

「ええ～、何歳だと思う？」

私はとりあえずそう問い返す。

「う～ん、わかんない」

「何歳だと思う？」と聞かれて、具体的な年齢を挙げる子はまずいない。おそら

なった知人から「おむつ替えは自尊心を打ち砕かれるから、割り切らないと生きていけない」と聞かされたことを思い出す。

く「年齢」の概念がまだよく理解できないのだと思う。

啓太君に唐突に聞かれて以降、私はいくつかの回答バージョンを編み出した。時と場合に応じて、「二十数年前は25歳でした」とか、「○○ちゃんのママより15個くらい年上かな」などと答える。嘘は言わず、それでいてできるだけ個人情報に触れずに回答するためだ。

子どもは保育園での出来事を家庭で話す。保育士のプライベートに興味津々の保護者もいて、子どもの情報に「えっ、あの先生、そんな年いってるの!」などとリアクションするので、子どものほうも嬉しくて、園で見聞きしたことをあれこれ話してしまうらしい。個人情報はどこから漏洩するか、わかったものではないのだ。


「先生って、男? 女?」

こう聞かれたこともある。

私の主観ではあるが、保育士にはロングヘアの人が多い。業務に差しさわりがないように、若い子は後ろで束ねたりお団子にしたりと工夫している。

私は基本的に「楽なのが一番」という性質なので、洗うのも乾かすのも時間がかからないのがいい。昔ロングだったこともあるが、少しずつ短くしていくたびに手入れがどんどん楽になり、結果としてここ10年はショートヘアに落ち着いている。そのせいか、園児から性別を聞かれたことが数回ある。体型も声色も、もちろん顔立ちだって、とりあえず「女性」だと認識してもらえると自分では考えているのだが……。

「先生って、女？」と言いながら、確認のためか、胸を触わろうとしてくる男の子もいた。エプロンの下から手を回してこようとするので、

「そんなことしないでね」

とやさしく制する。

ある保育園で、二十歳そこそこの新人保育士に園児が、

「先生、彼氏いるの？」

と聞いているシーンに遭遇したこともある。新人保育士は、われわれの手前もあってか、慌てふためいていた＊。

個人情報保護やコンプライアンス遵守にうるさい世の中だが、そんなもの子ど

慌てふためいていた　突拍子もない質問といえば、午前中、保育を始めてすぐ「先生、もう帰る？」と聞かれた。保育室にはたいてい保育士用の収納棚があり、更衣室のロッカーに置けないものを入れておく。朝、保育士が来るとそこへ荷物を置き、夕方になるとそこから荷物を取り出して帰るわけだ。子どもたちは「保育士＋収納棚＋荷物＝帰る」と学習したようで、私が水分補給のため、収納棚に近づいたところ、先の質問が出た。まだ時間の概念が理解できないのだなと可愛く思いながら、「まだいるよ〜」と笑って子どもたちの遊びの中に戻った。こんな不思議な質問をされるのも保育士の楽しみの一つでもある。

もたちにはまったく通用しないのである。

某月某日 子どものおやつを食らうのは：「黙っててください」

保育園の集団活動中に、その場を乱してしまうマイペースな子どもがいる。そういった子どもも個性を尊重して保育するのが理想だが、現場のマンパワーが不足しているためか、なかなか理想どおりにはいかない。

保育士の仕事は感情労働*だ。自分の感情を抑えて子どもたちと向き合う。だが、それは言葉でいうほど簡単なことではない。

現南《げんなん》保育園の中堅保育士である早見さんは、きまって月のある時期、子どもを攻撃的と呼べるほどに叱りつける。

ある日、年長クラスの子どもがおもちゃを持って走りまわっていた。おもちゃには突起があり、転べば自分や他人がケガをする危険行為である。

すばやく早見さんがやってきた。「ちょっと来て！」と子どもを部屋の隅に連

感情労働
保育士は、園児や保護者に対して、安心感を抱かせる態度や表情、行動をつねに求められる。子どもの悪態や保護者の理不尽なクレームにも不愉快な表情を丸出しにするわけにはいかない。自分の感情を上手にコントロールするための修行の場と考えれば、保育園ほど鍛

鍊できるところはほかにないかもしれない。


れて行く。

「どうしてあんなことするの？　やったらいけないことぐらい、知っているでしょう？　それじゃあ、なんであんなことしたの？　わかってるの？」

これが延々と続く。お説教が始まり数分が経つころには、叱責の原因などすでに忘れ去られている。

「先生だって、あなたを叱りたくないのよ。わかる？　本当にわかってる？　わかってるって言うのは簡単なのよ。本当はわかってないでしょ！」

やってみたいという気持ちと、やってはいけないという気持ちがせめぎあう。遊びに夢中になり、ルールを逸脱して危険行為をしてしまう。あってはならないことではあるが、大人にも思い当たる。子どもならなおさらであろう。

私がおやつの準備を始めて、ほかの園児たちが着席してもまだ叱られている。その子どもが叱られているあいだ、ほかの園児たちのおやつはお預けだった。

「見て！　あなたのせいで、みんながおやつを食べられない！」

それを聞いて、お腹の空いた子どもたちがざわつき始める。それを制止するかのように彼女は続けた。

「あなたがしたことで、こんなにみんなが迷惑しているの。みんな、お腹空いてるよ。あなたのせいで食べられないの」

生理前*でなければ、こんなにも長い時間にわたって注意することはないはずだと私は感じていた。ふだんはここまでしつこく子どもを叱ることのない保育士だったからだ。

叱られていた子どもが解放され、ようやくおやつの時間が始まった。だが、彼だけは叱られたショックで半ば呆然とし、おやつなど食べられる状態ではない。

その日のおやつの蒸しパンが3つあまっていた。休んだり、早帰りした子どもが3人いたから、その分なのだろう。

おかわりしたい子が4人。早見さんはケンカになるからと1つを半分にして、4人にそれぞれ手渡した。残り1つがまるまるあまった。

「早見先生、これどうしましょうか?」

子どもたちの視線が蒸しパンに集まる。私はじゃんけんで勝った子どもに食べさせるのもいいかな、と考えていた。

生理前
PMS(月経前症候群)は月経前3〜10日のあいだに継続する精神的または身体的症状のこと。情緒不安定、イライラ、抑うつ、不安、眠気、集中力の低下、腹痛、頭痛、腰痛、むくみ、お腹の張り、乳房の張りなどがある。職場の9割以上が女性である保育園では、誰かがPMSである可能性がある。また閉経した女性には更年期障害という別のトラブルも。

「ああ、それ私が食べる。いいでしょ、みんな?」

誰も、何も言わなかった。

保育園には「検食」*という制度がある。子どもたちが口にする食事やおやつをあらかじめ保育士が試食する決まりである。当然、保育士の試食分は別に用意されている。彼女にとって仕事中に食べる蒸しパンは格別なのだろうか。

早見さんが書類を取りに席を離れたとき、私は思いきって子どもたちに聞いてみた。

「この残った蒸しパン、誰が食べるのがいいと思う?」

子どもたちの答えがなかなか出なかったので、私は3択にしてみた。

(1) 先生

(2) 自分たちで分ける

(3) じゃんけんに勝った人

いっせいに手を挙げてもらった。(1) にほぼ全員が手を挙げた。唯一、叱られた子だけがどれにも手を挙げなかった。私は複雑な心境に陥った。

検食
子どもたちへの食事提供前に保育士が実際に少量食べて確認する作業のこと。見た目や火の通り具合、食感、香りなどを確認する。本来、提供前に確認するのが前提だが、忙しい現場では子どもが「いただきます」をしてから「検食」し始める保育士の姿も目にする。なんのための検食かと思うが…。

早見さんが小走りに戻ってきた。私はなぜか口に出さずにはいられなかった。

「早見先生、子どものおやつを保育士が食べるのはどうなんでしょうか？」

早見さんはきょとんとした顔になった。その園では、ほかの保育士も子どものおやつを食べていた。* なぜ自分だけが指摘されるのか、という表情なのだろう。

そして、慌ててこう言った。

「お願いします。黙っててください」*

おやつを食べ終えた園児たちが、規則正しく整列し、自分たちの食器を配膳台に戻す。

保育園はいわば密室である。警察もいなければ、裁判官もいない。咎めるべき立場の上役が何も言わなければ、すべては闇の中に葬り去られる。

おやつの盗み食い程度ならたいしたこともないが、保育士による園児への虐待も、保育園の閉鎖性によるものだろう。保育士同士は、よほどのことがない限り、お互いの保育態度に干渉しない。下手に物申せば、* 人間関係に傷が入る可能性があるからだ。

保護者は一度子どもに聞いてみてはどうだろうか。

おやつを食べていた
別の園では、園児の降園後、サンプルケースに飾ってあった給食のゼリーを取り出し、同僚同士で分け合っていた。

黙っててください
「あまったおやつを保育士が食べる」光景を見たのは、この園だけ。「黙っててください」と言う以上、いけないことの認識はあるはずだが…。

下手に物申せば
派遣保育士の私もこれまで懸念する保育シーンを目にしつつ、その場で指摘することは憚（はば

「先生、あまったおやつ食べていない？」

某月某日　群れない女たち：あなたも、私も、「派遣さん」

昼休み、丹福《たんふく》保育園の昼食スペースである「育児相談室*」には、4人の保育士が集まっていた。偶然にも4人とも派遣会社からやってきた保育士だとわかり、昼食を食べながらの会話は自然と「派遣会社」のことになった。

「もう年度末で辞めますよ*。今の担当者が全然ダメで」黒岩さんが言った。

「大原先生も、黒岩先生と同じ『ラナチャイルド』ですか？」

リモキャリアから派遣されている上川さんが尋ねた。

私と黒岩さんは同じ派遣会社・ラナチャイルドに所属しているが、この保育園で初めて出会った。黒岩さんも上川さんも今年の4月から丹福保育園に派遣されていた。上川さんは、所属する派遣会社が異なるのでどこかしら興味津々である。

「武井先生は『ポンプスタッフ』でしたか？」

か）られた。派遣元には報告できるわけだが、派遣元としても〝お得意さま〟である保育園に強く注意しにくいという側面もある。

育児相談室
保育園では、家庭での育児に関するさまざまな悩み（夜泣き、離乳食の与え方、おむつを外す時期など）について、保育士や看護師が相談を行なっている。件数自体は多くないので、相談がない日、育児相談室は保育士の休憩場所や作業場所として利用される。

年度末で辞めます
派遣保育士の契約期間は年度単位が多い。少々嫌な職場でも、人間、終わりがみえると楽になるもので、「なんとか年度末まで頑張ろう」と派遣同士で励まし合ったこともある。

長髪を後ろで束ね、凛々しく正座してカップ味噌汁をすすっていた武井さんが無言でうなずく。コロナ禍、食事中の会話は自粛してもらいたい。目は口ほどにものを言っていた。

「この保育園には3社の派遣会社が競合しているってことですか?」

私がそう言うと、上川さんが解説する。

「いや、4社です。先週、4歳児クラスに新しく入った長尾さんは『シャインワーク』から来たそうですよ」

「『シャインワーク』も入っているんだ。1社でまかなえないから、あちこちの派遣会社に依頼して派遣保育士をかき集めているのかもね」最年長の黒岩さんが呆れたように首を振った。

50代の黒岩さんは息子2人をすでに育て上げ、今は夫と2人暮らしをしている。保育士になる前は一般企業の総務事務担当だったらしく、先ほど上川さんに有給休暇の付与日数*についてレクチャーしていた。

「最初の顔合わせのとき、園長先生が『うちの保育園は派遣保育士さんが多い』って言ってましたけど、まさか4社とは……。パート保育士と合わせると、

有給休暇の付与日数
派遣保育士の中には付与される有給休暇の日数を知らない人がけっこう多

非正規保育士のほうが圧倒的に多いんですね」

丹福保育園の総園児数は110人。対して、保育士は正規社員の保育士8人(うち1名は産休中)と、非正規の保育士20人(うち派遣保育士が5名、半日勤務のパートさんが15名)である。

「武井先生は、ここ、今年で2年目ですか?」

武井さんの「話しかけるな光線」も上川さんには通じないらしい。武井さんは箸をいったん味噌汁カップの上に置き、指を折った。

「2回更新したので3年目ですね」

「え、この保育園って、そんなにいいですか?」上川さんがのけぞった。

「その言い方はどうかと思うけど、わかる……」黒岩さんが追随する。

「私、夏休みに5日の有休希望出したら、全部ダメって言われましたよ。『その日はダメだから、この日とこの日に休んで』って勝手に決められて」上川さんが嘆いた。

「『リモキャリア』って、代替要員*いないの?」黒岩さんがそう尋ねると、

「ないです、*ないです」上川さんは手を左右に振った。

い。派遣元が不親切で知らせないこともある。以前、同じ園で一緒になった派遣保育士は、有給休暇の制度をよく知らず、のちに私の言うとおりに会社に問い合わせたら6日も有休があることが判明。「どうして何も教えてくれないの!」と、それ以後、派遣元会社を信用しなくなってしまった。

代替要員　派遣保育士が有給休暇などで休みをとる際、単発で入る保育士のこと。2012年の労働者派遣法の改正によって、日雇い派遣は原則禁止となったため、単発で勤務するためには「満60歳以上」「年収が税金や保険等を引かれる前で500万円以上」「世帯年収が税金や保険等を引かれる前で500万円以上あり、主たる生計者ではない」「雇用保険の適用を受け

「うち（ラナチャイルド社）に来る？　担当者はイマイチだけど、契約はしっかり守ってくれるよ」黒岩さんが勧誘した。

　上川さんは当初、2歳児クラスに配置されており、契約書にも「2歳児の保育及びそれに付随する保育業務」と記載されているのだが、ある日突然、何の前触れもなく1歳児クラスに配置替えされた。それを黒岩さんは他人事《ひとごと》ながら憤っていた。

「でも、もういいんです。じつは昨日、第一志望の保育園から内定通知がきました」

　さっきまで泥道に倒れて濡れそぼっていた上川さんが、今度は晴れ間にかかった虹のような笑顔を向ける。

「え〜、正規職員？」

「はい、正規です」

「私立？」

「はい、私立の認可です」

「私立か〜。株式？　社福《しゃふく》？*」

ない学生」のいずれかの条件をクリアする必要がある。

ないです　派遣保育士の有給休暇取得時、シフトには穴があく。それを防ぐために所属している派遣会社からは「代替要員」が派遣されるわけだが、派遣会社によっては代替要員派遣の制度がないところもある。

株式？　社福？

「株式です。けっこう大手ですから、給料もそこそこ良くて」

「いくら？」とツッコんでくれないかと期待して黒岩さんを見たが、腕組みをしてうなずいているだけだ。それにしても、上川さんの前職は特別支援学校の教員というから、キャリアは人それぞれである。

「株式は営利主義でダメっていう人もいるけど、働く側としては一番安心*できますよね。社会福祉法人やＮＰＯに多いワンマン経営のブラックぶりにくらべたら、制度もしっかりしてますし、コンプライアンス違反も少ないでしょう」

上川さんが自分に言い聞かせるようにそう言った。

ふだんは日々の保育や行事、連絡事項など、差し障りのない範囲で話す派遣保育士たちも、立場が同じ者同士、包み隠さず開けっぴろげに心の内を打ち明け合う。正社員の保育士の前では見せない姿である。

「今度、派遣だけでゴハン行きませんか？」休憩時間も終わりに近づき、バラ色の来年度を夢見る上川さんが突然、そう提案した。

「……」

「さてと……」


保育園を経営する母体には、市区町村、株式会社や社会福祉法人、ＮＰＯ法人などがある。２０００年、待機児童問題を背景に、保育所設置の主体制限が撤廃され、株式会社とＮＰＯが保育分野へ参入可能となった。派遣仲間との身の上話で多いのが保育遍歴で、「社会福祉法人」勤務の保育士の苦労話はよく耳にした。

一番安心
園児や保育士募集のパンフレット一つとっても、株式会社のものは見せ方もうまく、立派だったりする。園舎も新しくてきれいなところが多い。

黒岩さんと武井さんがそそくさと立ち上がり、午後の仕事に戻る準備を始めた。賛同する者は、私を含めて一人もいなかった。

「派遣って、群れないいんだよね」

私は言い訳するようにそう言った。振り返ると、黒岩さんも武井さんも、すでに自分のクラスに戻っていくところだった。

某月某日 天使と幸せホルモン：快楽物質がドバドバと

子どもが可愛くて仕方がない。そんな保育士も少なくない。もうすぐ古希のパート保育士・早坂さんが嬉しそうに話し始める。

「さっき山田先生が、制作用にプラスチックのおもちゃを借りにきたんですよ。で、持っていこうとすると、まいちゃんが『返すの忘れないでね』ですって」

早坂さんは元々は銀行員だったが、寿退職したあと専業主婦として3人の子どもを育て上げ、今は本人いわく「社会奉仕」でパート保育士をしている。いつも礼儀正しく上品で穏やかなのだが、まいちゃんの話をするときの彼女はたいてい〝恍惚状態〟にある。

「それで、山田先生が『少しのあいだ、貸してちょうだいね』って言ったら、『わかりました』って、物わかりのいい上司みたいに」

早坂さんは舞い上がったように話を続ける。

「それでね、大原先生。まいちゃん、そのあとなんて言ったと思います？　『いいもの作ってくださいね』ですって」

客観的に聞いていれば、他愛もない話*なのだが、ご本人は〝推し〟のアイドルについて話しているような喜びようである。

私たちの幸福感は「セロトニン」「ドーパミン」「オキシトシン」という3つの物質で構成されているらしい。このうち「オキシトシン」は小さな子どもとスキンシップをとることで分泌され、愛に包まれたような幸福感が生じ、不安やストレスなどを抑制する働きがあるらしい。「オキシトシン」が増えると「セロトニン」を分泌する神経が刺激されるのだそうだ。

だとすれば、保育園は「幸せホルモン」の製造工場ともいえる。

他愛もない話
「私語禁止」の保育園も多い中、この保育園は比較的おおらかだった。そのためか、保育士同士の仲は比較的よく、風通しもよかった。「雑談」の効用が保育業務にプラスとなっている例ではないかと雑談好きの私は思っている。

早坂さんは、毎日、保育園に来るのが楽しみで、孫ができるまで今のパートを続けたいと言っていた。日々、保育園に「幸せホルモン」を産出しにきているのかもしれない。

私自身は、保育士の仕事にやりがいを感じてはいるものの、早坂さんのように「毎日、保育園に来るのが楽しみ」という境地には達していない。仕事に行くのが憂鬱な日もある。保育園の子たちは可愛いが、すべての子がそうとは限らない。中には、正直小憎たらしい子もいる。ただ一緒にいれば愛着が生まれる。多少可愛くなくても、身近にいるうちに可愛く思えてくる。これも幸せホルモンの効果なのかもしれない。

その日の夕方、まいちゃんが延長保育のクラス*に入ってきた。私はそろそろ退勤の時間だが、まいちゃんがトコトコと足元までやってきて絵本を手渡す。

「せんせ〜、これ（読んで）」

遅番の保育士は別の子に絵本を読み聞かせて*いる。仕方なく、私のところに来たのかもしれない。

延長保育のクラス
この園では夕方6時15分をすぎると「延長保育」になり、異年齢の子どもたちが合同のクラスで保育を行なっていた。日中の保育と異なり、クラス担任も遅番でなければ退勤して不在となる。

退勤時間まで残り1分半*。すべて読むには明らかに時間が足りない。すると遅番の保育士が察してくれたのか、時計を見上げながら言った。

「まいちゃん。大原先生、もう帰る時間なんだよ」

「……」

まいちゃんはガックリとその場に座り込むと、ひとりで絵本を開いて読み始めた。

「ぎゅうにゅう、くらさい……」

字はまだ読めないはずなので、きっと覚えているのだろう。絵本を眺め、小さな声でたどたどしくつぶやいている。その姿は悲劇のヒロインを演じる女優である。

もう、放っておくわけにはいかない。私はその場で一緒に座り込んだ。派遣保育士になって以来、はじめての残業、それもサービス残業である。

翌日、早坂さんにこの一件を伝えた。

「大原先生もまいちゃんのこと可愛くて仕方ないんですね！」

声を弾ませてそう言う。〝まいちゃん推し〟の仲間がひとり増えたかのような

絵本を読み聞かせ
保育活動中だけでなく、保育室の清掃やトイレタイム中の待ち時間など、さまざまな場面で絵本の読み聞かせが行なわれる。どの絵本を選ぶかは、園児のリクエストだったり、保育士の選定だったりするが、季節の行事やイベントに関わる題材が多い。私は声優さながらに声色を変えて読み、子どもウケもいいが、ある園では「そんな読み方はやめて、ふつうに読んでください」と注意されたこともある。

退勤時間まで残り1分半
基本的に、私は定刻になると「失礼します」と言ってその場を離れる。勤務時間外の仕事は責任の所在があいまいになるためである。退勤時間の1分前は、「何事も起こりませんように」と祈る時間でもある。

喜びようである。

「可愛いは可愛いですが、あの状況ではさすがの私も帰れませんよ。まいちゃんにうまく操られてしまった気がします」

赤ちゃんが生き延びるためには大人に世話を焼いてもらう必要があり、だから可愛いのだと何かで読んだ記憶がある。保育園で働き始めてから、たしかに私は保育士が子どもに懐柔*される姿を何度も目にしてきた。

「さあ、今日もまいちゃんと遊べるかしら。楽しみだわ」

早坂さんは操られるように立ち上がり、クラスへ入っていった。早坂さんにはもうすでに脳内に快楽物質がドバドバ出ているのだ。

保育士が子どもに懐柔
そもそも子どもは自己中心的で、なんでも自分の思いどおりにしたがるものだ。とはいえ、保育園でわがままは通じない。では、どうするか。もっとも多いのが「泣き落とし」。保育士は園児に泣かれると「一人にしない」という決まりがあるのでそばにつく。泣けば、保育士はそばに来て励まし、なぐさめてくれる。嫌いな食べものを食べなくてよくなったり、片づけを免除されたりもする。園児はそれを「学習」して、次回も同じように泣いてみせる。ただ「何度も繰り返すと『嘘泣き』と見破られる」ことを知らないので、端から見ていると滑稽で、可愛らしくもある。

第4章

叱る保育士、叱らない保育士

某月某日　産休代替要員：保育室の秩序は…

「産休代替要員です。大原さん、ツイてますね」

派遣元・ラナチャイルド社からの電話。担当者はいつになく声を弾ませている。

私は3カ月の契約期間を終えたところだった。

「おそらく産休と育休で、1年は休職されると思います。その代わりに年度末まで勤務していただいて。もちろんその方のポジションです」

話を聞きながら少し考えた。

「それで、駅からどのくらいでしょうか？」

「徒歩10分かかりません。大原さんのご自宅の最寄り駅から、片道30分で行けます。……検索サイトだとそう出てきます」

スマホの地図アプリをチェックすると、私の手元でも同様の時間が表示された。

【自宅→区立花きりん保育園　所要時間35分】――自宅の住所と保育園の所在

棚からボタモチ
賃金は正社員以下なのに仕事量は同量、派遣期間が短いといった理由で、産休代替、育休代替を嫌う派遣労働者もいる。しかし、私の場合、派遣期間が短いほうがさまざまな現場で、より多くの園児、保育士たちと交流

地を打ち込めば、瞬時に通勤経路と所要時間がわかる。

「ありがとうございます。そのご依頼、承ります」

通勤時間はもちろんのこと、「産休代替要員」というのも申し分なかった。

産休代替というのは、産休や育休を取得する保育士の代わりに勤務することである。基本的に、産休代替要員は休暇をとる職員のポジションで、短くて年度末まで、長ければ休職した保育士が復帰するまで勤めることができる。

一般的には契約の継続がない場合が多く、派遣の中には嫌う人もいる「産休代替要員」だが、これまでブラックな保育園に何度も派遣された身としては棚からボタモチ＊である。

なぜなら、人員不足の理由が明らかなので、「精神を病んで休職＊した」とか「人間関係が悪すぎて退職した」といった〝事故職場〟である可能性が低い。〝職場ガチャ＊〟でブラックな保育園に派遣されるリスクがなくなることは、派遣保育士にとっては幸運なことなのである。

「おはようございます。今日は、赤ちゃんを産むことになった宮田先生の代わりすることができ、好都合だった。

精神を病んで休職
保育士の仕事は激務で、ストレスが高じて、うつ病など、精神を病んでしまうこともある。私の経験上も、保育士は仕事上の悩みを打ち明ける場も時間も少なく、一人でためこんでしまいがちで、結果的に突然職場に出られなくなったり体調を崩したりして休職する。

職場ガチャ
硬貨を入れ回転式レバーを回すとカプセル入りのおもちゃが出てくる小型自動販売機＝ガチャガチャになぞらえて、「良い職場に当たるか、そうでない職場に当たるかは運次第（自分では選べない）」という意味合い。「上司ガチャ」「親ガチャ」という言葉も若者のあいだで使われている。

に、新しい先生が来てくれました。名前は、大原綾希子先生です。みなさん、ごあいさつしましょう」

花きりん保育園のもも組・貴田典子さんは、私が着任した3歳児クラスの担任である。もも組の子どもたちを見据え、キビキビと朝の会*を仕切っていた。

「おはようございます！　よろしくお願いします！」

担任の発言が終わるのを待って、鈴の音のような子どもたちの声が響いた。軽くうなずき、貴田さんが丁重に言った。

「大原先生、自己紹介をお願いできますか？」

私は素早く顔を上げた。

「お・お・は・ら・あ・き・こ、といいます。今日から、みなさんとたくさん遊びたいと思っています。よろしくお願いします」

私の腰につけたチューリップ型の名札*を見て、そばにいた子どもが「お・お・は・ら……」と復唱する。

「りんご組に『あきこ先生』がいらっしゃるので、『おおはら先生』とお呼びしましょう。みなさん、わかりましたか？」

朝の会
保育園によって、「朝の会」の姿はさまざまである。事務連絡を含んだ職場の朝礼のような園もあれば、形式的にあいさつを交わすだけという園もある。５歳児クラスになると就学を意識して、「日直さん」を決めたりすることも。

チューリップ型の名札
子どもに名前を覚えてもらうという意味合いにくわえ、保護者向けの配慮でもある。朝の着替えのときに装着すると、気持

子どもたちはそろってけげんな顔だ。花きりん保育園では、保育士たちはファーストネームで呼ばれていた。重複すると混乱するので私は名字で呼ばれることになったのだが、３歳児に大人の理屈が通るまでにはもう少し時間がかかりそうだ。

「では、これから……」

貴田さんが手元の書類に目を落としたとき、最後列の一人が突然立ち上がった。

「せんせ～、今日、園庭いく？」

「まだ先生がお話ししてる」

貴田さんが制する。

「じゃあ、早く終わってよ！」

「早く終わって、じゃないでしょ。お庭にはまだ行かない」

その場にじっとしていられず、一刻も早く動きたいという子どもの気持ちもわかる。けれど、朝の会は始まったばかりである。

「龍之介君、座ってください」

貴田さんは眉間に皺を寄せて注意した。

ちが引き締まる。乳児クラスでは抱っこの際に子どもがケガをする可能性があるので胸元ではなく腰のあたりにする人もいる。

「おまえ、座れよ！」龍之介君に向かって、別の男の子が怒鳴った。顔がそっくりなので、たぶん双子なのだろう。

「うるさい！　おまえに言われたくない！　だまってろ！」龍之介君が言い返す。

貴田さんの顔に怒りの色が浮かんだ。今日から着任する派遣保育士の前で、保育室の秩序が乱されていく。保育士としての自分を支えていた自尊心が、園児によって傷つけられていくのである。周囲の子どもたちは、みるみる怖くなる貴田センセイの顔と口汚くののしりあう男の子のバトルを交互に見守っていた。

「いいですか。朝の会をしているときに、勝手に話をしたり、立ち上がったりすることは間違っています。どうしても何か言いたいことがあるときは、手をあげてください」

貴田さんの顔は怒りで般若のようだったが、言葉はかろうじて保育士にふさわしい*ものだった。

出席確認が終わると、私は保育室のおもちゃをひととおり見てまわりながら、遊び始めた子どもたちの様子を観察していた。

保育士にふさわしい
子どもの人権に配慮した保育では、「ダメ」「○○しなさい」などの禁止・強要用語は避けるべきものとされる。現在は「女の子なのに」「男の子な

3歳児なら、新しい保育士が来たことはすぐに理解できるので、次は遊びを通じて信頼してもらうことに尽力する。浮いた感じにならないよう、まずは子どもたちの空気に逆らわず、彼らが生み出している流れに身を漂わせる。存在感が目立ちすぎてもいけないから、「来て」と呼ばれるまで行ってはいけない。子どもたちに「どんな人だろう？」と興味を持ってもらえたら、まずは成功*である。言葉や目線で興味を示されたら、そこではじめて関わりを持ち始める。

ほどなくして、私の両ももに2人の子どもが座りに来た。右に1人、左に1人。

「ええと、質問です。こちらに座っているのは誰ちゃんですか？」

安心しきって身をゆだねる子どもたちを両腕で抱えながら、私は誰ともなく聞いてみた。

「この子は、よつばちゃん。こっちがうららちゃん。先生、わかった？」

「修一君」と呼ばれている男の子が親切に教えてくれた。自分も乗りたそうであるが、行儀よく順番を待っている。私の両ももは肉づきがいい*のか乗り心地が良いようで、どこの園でもこうして子どもたちが乗りに来てくれる。

「よし、よつばちゃんとうららちゃん。オッケー、覚えたよ！」

のに」という言葉もいけない。3歳児クラスを受け持ったとき、女の子の園児がふざけて男性用小便器の前に立って「おしっこするよ～」と言った。「女の子なのに」と口に出かけたが、禁句だと思い出して、「おちんちんついてないから、そこでは無理かな」と返した。すると、その言葉に反応して「じゃあ、一回やってみる！」と返されてしまった。

まずは成功
早く子どもたちに好かれたいと思うあまり、気を惹くような行動をとってはいけないと私は考えている。一気に好かれることは一発屋芸人と同じで危険である。長い月日をかけて一緒に年を重ねて成長していくくらいの気持ちで愛着を形成していくことが大切。信頼関係を積み重ねていくという

私は順番待ちの子どもたちが乗れるように、いったん二人を抱きかかえて床に下ろした。

「ねえ」立ち上がると修一君が目の前の私の腹部をじっと見つめていた。

「大原先生も、赤ちゃん、産むの？」困惑したように聞いた。

「え？」私は自分のウエストに目をやった。

「これは……」私は自分の下腹部をつまみながら、

「……いったいなんだろうね」自問自答するようにつぶやいた。

いつの時代も、子どもたちの反応は素直で正直なのである。

某月某日　ダンス嫌い：「やりたくない…」のワケ

子どもたちが上履きと靴下を脱いで、嬉々として広々としたホールに入っていく。これからダンス*が始まることを3歳児クラスの担任・貴田さんが周知している。私も参加しなければならないようである。

意味では子どもとの関係性も大人とのそれと同じなのだ。

両ももは肉づきがいい
スキンシップとしてはいいのだが、両ももに子どもを乗せてしまうと、とっさの動きがとりにくいのが難点。少人数保育ならともかく、20人前後のクラスだと順番待ちや乗れない子どもも出てくるので、受け入れるかどうかの判断に迷うときも。

ダンス
バランス感覚を養い、体

修一君だけがホールにわれ先に入る仲間の様子を遠くから眺めている。

「修一君、早く入って！」

このクラスをサポートする並田和香さんが声をかけるが、修一君は動こうとしなかった。ホールに足を踏み入れたくない事情があるらしい。

「どうかした？」私は聞いてみた。

「ぼく、入りたくない」

「ダンス、嫌い？」

「うん、やりたくない……」

修一君は保育室では活発に動きまわっていて、ダンスが嫌いとは意外だった。

「ここで見てる？」

今にも泣き出しそうな修一君に、無理矢理嫌がることをさせるわけにもいかなかった。ホール手前の空いている保育室で立ち止まり、私はあくまでも穏やかに言って聞かせた。

「……」修一君はうつむいたまま、一言も話さない。私がしゃがんで視線を合わせようとするとプイと顔をそむけてしまった。


幹を鍛える効果がある。保育士が前に立ち、見本となって踊る。ダンスの種類や曲は園やクラスによってさまざまなので、私のような派遣保育士は見よう見まねで踊っている。私は踊りきれないと悔しいので、家に帰って動画を観ながら練習することも。「昆虫太極拳」は最後リズムについていけなくなる。

「やってもいいかな、って気持ちになったら、教えて。それまではここで見ていていいから」

私は貴田さんに、修一君が参加を見合わせるという合図を送ってから、しばらくその場で待機することにした。

修一君がダンスを嫌う理由はわからない。ただ、彼は仲間がいるホールに背を向けたまま一歩たりとも動こうとしない。可動式の壁*の向こうがホールで、歩けばほんの数歩。私が寄り添って身体を動かそうとしても岩のようにその場に踏ん張っている。絶対にやりたくないという意志だけは伝わってきた。

棚の上に置かれていたポトスの鉢土が乾いていることに気がついた私は、修一君に「水やりしようか？」と声をかけてみた。萎れかけたポトスの薄い葉は、ところどころ黒く変色していた。

「勝手にお水あげたら、ダメなんだよ」修一君がつぶやいた。

「そう。でも枯れちゃってるよ。かわいそうじゃない？」

「ダメって、先生が言ってた」

以前、別の保育士から言われたのだろう。子どもたちは自らの判断で水やりを

可動式の壁
保育室の空間を区切るために使われる。床から天井までの空間を区切ることができ、卒園式など大きなホールが必要な場合に動かしてレイアウトを変える。保育士1人では動かせないので2〜3人で協力する。たまに見ていた子どもたちが手伝おうとしてくれる。指を挟んだり、事故を招く危険があるので手伝わせない。それでも子どもたちの「助けてあげたい」というやさしい気持ちを感じ取れ、保育士が嬉しく

なる瞬間である。

しないことになっていて、彼はそのルールをしっかりと守っているのだ。

「そっか、ダメだったんだね。みんなが水やりしたら、やりすぎになっちゃうからかな」

修一君は口を真一文字に結んでいる。

「でもさ、こっそりと二人でやっちゃわない？」

そう言ってほほ笑みかけると、修一君は少し驚いたような顔をしたあとで、いたずらっぽくうなずいた。

私がジョウロで水をやると、修一君は食い入るようにポトスの鉢に水が染み込んでいくのを見つめていた。

「絵本を読んでるほうが好き？　戻ったら一緒に本、読もうか？」

「うん。約束だよ」修一君は嬉しそうに言った。

某月某日　ナイショ話：いろんな人が集まる場所

しばらくすると、ホールではダンスの最中、双子*の龍之介君と虎之介君の乱闘が始まった。

「やめなさい！」「いいかげんにしなさい！」

貴田さんと並田さんの不機嫌な怒号が飛び交う。私たち二人は隠れるようにして、その場で身を潜めた。

「なんの本、読む？」

「……」

「先生、まだ来たばかりでどんな本があるか、よく知らないの。修ちゃんが読みたい本、教えてくれる？」

ホールを気にしていた修一君の目がパッと輝いた。

「恐竜の*がいいんだけど、読むところが少ないから、ほかのがいいかな。迷路の

双子
二人とも活発ということもあったのだろうが、毎日ケガの連続で、ヒヤヒヤしっぱなしだった。お迎えにくる保護者に担任がケガのことを伝えても「またやったのか」程度の返答。クラスを2グループに分けている園もあり、いかに環境設定できるかが園の課題となる。

もあるんだよ」

両手を私の膝の上にのせ、顔を寄せて繰り返し瞬きする。喜びの表情を彼なりにこしらえているのかもしれない。

「先生は、本、好き？」

「うん、好きだよ。修ちゃんも本好きだよね？　先生と一緒だね」

「うん、一緒」

修一君は私の手をとると、自分の手のひらを合わせて強く握った。そして、強く握りすぎたと思ったのか、すぐにそっとほどくとこう言った。

「ぼく、運動、嫌い。うまくできないから」

「そっか。先生も運動あんまり好きじゃないよ。ボール遊びは好きだけど、マラソンとか、走るのは嫌い。ダンスも好きじゃないの。でもナイショだよ」

花きりん保育園に着任早々、修一君に指摘されたとおり、私の下腹部は少々ふくよかである。

私の肥満傾向は小学校４年生ごろから顕著になり、身体測定記録が記載される

恐竜の
恐竜好きの園児は多い。ヴェロキラプトル、リオプレウロドン、スピノフォロサウスル、ペンタケラトプス…舌を噛みそうな名前をスラスラと言ったりする。絵本の『ジュラシック・ワールド』シリーズは大人気である。

「健康カード」には、ゴム印で「軽度肥満」と押印されていた。

当時の身体測定は男女混合で行なわれ、体重計は下町の銭湯の脱衣所にあるようなアナログなもので、計測された数字が目の前に表示された。体重を他人に見られるのが恥ずかしかった私は、体重測定のある日の1週間前から食事制限をして、〝無駄な抵抗〟を試みるのだった。

なんとなく自覚していた「肥満体*」をコンプレックスに感じたのは、小学6年生のときからだ。市販のティーン服が小さすぎて着られない。仕方ないので、母がウエストゴムのスカートを何着か縫製してくれた。当時流行していたゴム跳びをしても友だちのように高く跳べない。鉄棒も逆上がりはできても、身体が重くて片足回りがどうしてもできない。

それまで、近所の子どもたちを引き連れるほどにリーダーシップがあった私は、いつの間にか目立たないように裏方に徹するようになり、まるで息をひそめるかのように表舞台から消えた。

なるべく表に立たず注目を浴びないようにすごしていた私にとって、年に一度開催される運動会は苦手なイベントだった。組み体操は最下段。徒競走は他人よ

肥満体
私の肥満は、実家を出るまで続いた。だが、大学を卒業し、上京して一人暮らしを始めると、不思議と体重が減っていった。自炊になり、品数が半分ぐらいになり、仕事もプライベートも加速度的に充実し、食べることに執着しなくなったせいもあるだろう。おしゃれにもようやく興味が出てきて、着たい服が買って着られることを生まれて初めて経験した。しばらくは標準体型をキープしたが、子どもが生まれ、育児が

り半周遅れてゴール。体操服はピチピチで、ただでさえ太った身体が余計に目立つ気がして、中学生になってからはバカでかく作ったテルテル坊主を逆さにして毎年吊り下げていた。

今ではなつかしい笑い話にできるが、あのころは真剣に嫌でたまらず、運動会が近づいてくると心まで重く病みそうだった。

子どもにとっての重大事は、時として大人が笑い飛ばしてしまうようなことでもある。しかし、身をもってそのつらさを知っているから、私には修一君にダンスを無理強いすることはできないのだ。

「運動が嫌いな人、絵本が好きな人、パズルが得意な人、ピアノが上手な人……保育園はそういういろいろな人が集まる場所なんだよ」

自分に言い聞かせるように、私は修一君に語りかけていた。

「そうだね」

修一君が大人みたいにうなずいた。

始まると、食べないと気力が奮い立たない。また食事でストレスを解消している面もある。子どもの成長とともに私の身体も成長し、気がつくと、園児から妊婦と見間違われるまでの下腹部に戻ってしまったのだ。

某月某日

もっと叱ってください：業務指示か、叱責か

花きりん保育園に入職して、1カ月がすぎた。今日もまた龍之介、虎之介兄弟は追いかけっこをして遊んでいる。龍之介君が追いかけ、虎之介君が保育室を猛ダッシュで駆け抜ける。

「ほらっ！　走らないって言ってるでしょ⁉」

並田さんが怒鳴ると、龍之介君が急にピタッと止まったので、後ろから追いかけてきた龍之介君がそのままどしんとぶつかり、一緒に床に倒れ込んだ。ケガの心配が頭をよぎるが、倒れ込んだ二人はそのまま大笑いでじゃれあっている。

「大原先生、もっと叱ってください」

並田さんが私だけに聞こえるようにつぶやいた。

「叱ってください」が業務指示*なのか、怠慢を責める叱責なのか、私には見当がつかず、「ええ」とあいまいにうなずいた。

業務指示
基本的には自分の担当クラスの担任保育士から受けるわけだが、園内ではたまに「指示スクランブル」が起きる。ある業務についての指示が、複数の保育士ごとに異なってしまうことである。派遣保育士がそのつど確認すればいいのだが、それはそれで煩雑だし、業務遂行の妨げになることもある。保育士AさんとBさんとで違う指示が出されるとき、大切なのは「リーダー」の指示を受けておくことだ。あとから別の保育士に違う指示

子どもは、叱るとかえって言うことを聞かなくなる。問題行動がさらに増え、叱る頻度が増えると悪循環に陥る。ましてや、私のように入ったばかりの保育士に叱られて嬉しいはずがない。信頼関係が未熟なうちに叱責するのは得策とはいえない。私はそう考えていた。

もも組では、双子の兄弟のワンパクぶりに加えて、個性的な女児が２人、保育士たちを困らせていた。

女児の片方はうららちゃんという。うららちゃんは超マイペースである。集団行動が大の苦手で、いつも人と違ったタイミングで行動する。

もう片方はねむかちゃん。情緒不安定*で、すぐに手が出る。気に入らないことがあると、友だちの顔をひっかいて傷つけてしまう。彼ら彼女らを見守るだけで厳しく叱ることのない私に、並田さんが不満を募らせたのかもしれない。

じつは私はこの４人と関わるのが好きだった。

子どもとは本来、自分の好きなように生きるものだし、３歳ごろまでは規律やルールなどと無関係にすごせる、人生でも貴重な期間である。社会に出てから、ルールを守り、役割をこなすことを求められ、それに順応するように努力し続け

をされても、リーダー保育士の名前を出せば、たいていは「ああ、そう」と引き下がってくれる。派遣保育士にとって「誰の」「どのような」指示を実践するかということは重要なのである。

情緒不安定
ねむかちゃんは、睡眠不足で登園するため、日中の活動に体力が持たない。お昼寝のタイミングが遅れ、みんなが起きるころになってようやく寝つく。そのまま寝かせておくわけにもいかないから仕方なく保育士が起こすのだが、機嫌が悪く、おやつも気に入らない内容だと食べない。ねむかちゃんの家庭では親の就寝時刻に合わせ、日付が変わったころに床につくらしい。保育園の生活リズムになじめないわけだが、こうなると保育園でどうにかできる問題ではない。

てきた身としては、ありのままでいられる彼ら彼女らがうらやましい。子どもらしい子どもといえる個性的な園児とすごすことは、ありのままの人間に触れられる気がするのだ。

「叱る必要なんて、ないけどね」

並田さんが立ち去ったあと、誰に言うともなく、本音が漏れた。


時計を見て、休憩時間の終わりを知る。その日、お昼寝当番だった私が3～4歳児が寝るホール*へ向かうと、ホールにはまだ起きている子どもがいた。ねむかちゃんである。ねむかちゃんはタオルケットに身を包み、貴田さんに抱かれながら小さく揺さぶられているが、目はぱっちりと開き、虚空を見つめていた。

「ずっとこんな状態です」

寝そうにないことは明らかで、貴田さんもあきらめ顔である。

「大原先生はあっちの二人をお願いします」

龍之介、虎之介兄弟のそばでは、並田さんが右と左を交互にトントンしている。いつも寝かしつけに苦労するワンパク兄弟はまもなく眠りに落ちそうで、並田さ

3～4歳児が寝るホール
ホールでのお昼寝では、感染症対策のため、子どもたちは交互に横になっていた。顔と足の位置をずらすことで、くしゃみや咳をしても飛沫がかからないようにするということであった。しかし、寝相の悪い子に顔面を蹴られる心配もあり、何が安全か難しいところではある。

んがようやく強敵の二人組に勝利するところだった。

「代わります」

並田さんと静かに交替しようとすると、

「寝ない〜！」

突然、後方から悲鳴が上がった。

「寝ない！　寝ない！　寝ない〜！」

貴田さんの腕の中でねむかちゃんが暴れ出した。力づくで押さえ込まれることに抵抗し、小さな身体をくねらせて脱出を試みている。

「静かにしなさい。寝たくないなら寝なくていいから」

貴田さんが根気よく説得しているが、ねむかちゃんはもはや貴田アレルギーである。次第にヒートアップしていく様子が悲愴感を漂わせ、私は心が締めつけられそうになった。

「ちょっと、ここお願いします」

せっかく寝かしつけたほかの子＊たちを起こしてはいけないと思ったのだろう、貴田さんは並田さんと私にそう言い置くと、スッと立ち上がり、ねむかちゃんを

寝かしつけたほかの子
眠りの浅い子などはウトウトしながら保育士の会話を聞いていることがある。なかには「自分も会話に入れて」と言わんばかりにニコニコしながら起きてくる子もいる。一度起きてしまうと再入眠しない子が多いので、お昼寝中、保育士同士でやりとりする際には最小限度の会話にとどめる。

抱きかかえたまま、小走りでホールから出ていった。

某月某日 叱っても、叱っても：なんでも屋さんの本音

静けさを取り戻したホールで、カーテンの隙間から少しだけ差し込む陽光の下、眠っている子どもたちに目をやる。明るい場所でもすぐ眠れる子もいれば、保育士に付き添われても眠れない子もいる。

トイレに行くのにも保育士の許可（声がけ）がいるし、寝られなくても座って起きていることも許されない。集団行動が嫌いでも、散歩に行くのもダンスやボール遊びもみんなと一緒だ。集団保育は合う子には合うが、合わない子にはルールや規律を押し付けるだけの〝監獄〟なのかもしれない。そんなことを思うと、私はどうしても彼ら彼女らを叱れなくなってしまうのだ。

ホールの壁時計を見上げるとまもなく午後3時。お昼寝タイムが終了する時刻だ。会議に出ていたり、書類仕事をしていた保育士たちがホールに戻ってきた。

門脇武雄さんが手袋をはめて待機している。門脇さんは40代、委託業者から花きりん保育園に派遣された用務員である。清掃や園庭の植栽管理、備品の修繕から、保育士のフォローまでこなすなんでも屋*だった。

ホールに敷かれた布団は彼が片づけることになっていて、保育士が電灯をオンにして、子どもたちを起こすタイミングを見計らっている。

「お昼寝終わり。起きましょう！」

貴田さんが呼びかけると、春のつくしんぼのようにあちこちで目を覚ました子どもたちが頭を上げる。門脇さんは待ってましたとばかりに布団をたたみ、自分の仕事を粛々と片づけていく。私もそれに続く。

一足先に目を覚ました虎之介君がシーツを丸め、まだ寝ている龍之介君に投げつけた。

「虎之介君、やめなさい！」

さっそく貴田さんの怒号が飛ぶ。昼寝時間が終わり、全員を起こしてもいいからか、もう遠慮のない大声だ。虎之介君が固まり、瞬く間に静寂がホールを包む。あまりの声のボリュームに子どもたちばかりでなく、門脇さんと私まで息を呑ん

なんでも屋
もっとも、私たち派遣保育士同様、彼の仕事内容は契約で決まっているだろうから、契約外の仕事を受けないこともできるのであろう。だが、門脇さんは人が良いので、私のように「契約外です」と断ったりはしない。そうするうちに「なんでも屋」と化していくのである。

で微動だにしなくなった。

一呼吸おいて時間が動き出し、門脇さんと私は再び布団を片づけ始めた。

「僕のような欠点だらけの人間には、あそこまで子どもを叱れません」

一瞬おとなしくなったものの、もう一緒につつき合いを始めているワンパク兄弟を眺めながら、門脇さんが言った。

「そういえば、昔、私の父*は『自分は偉そうに子どもを叱れる父親なのか、自問しながら叱っている』と言っていました」私がそう言うと、

「自分のためを思って叱ってくれていたんだと気づくのは、自分が親になったときですからね」と、門脇さんが笑った。

ワンパク兄弟が貴田さんをアッカンベーで挑発している。貴田さんが眉をつり上げて2人を追いかける。どうでもいい相手なら、人は関わろうとしない。保育士にかまってほしい、自分のことをもっと見てほしい。私には、そんな彼らの本音が聞こえてくるようだった。

「子どもは神さまからの授かりものと言いますが、これも神から与えられた試練でしょう。愛がなければ、保育士は務まりません」

私の父
父は真珠湾攻撃があった年（1941年）に生まれた。戦後の混乱期に育った父は、実父を戦争で失っていた。それが良くも悪くも「家父長制意識」を乏しくさせたのか、父は「偉そうな父親」というより「親しみある父親」だった。だからこそ、こんなふうに自分の胸の内を娘の私に話してくれたのだと思う。

門脇さんが真面目くさっていうので私は吹きだしてしまった。ワンパク兄弟たちに感化されたのか、私も門脇さんを困らせたいような意地悪な気持ちにかられた。

「そんなこと、愛を捨ててシングルに戻った私に言います？　どうせ私は愛とは無縁の独り者ですから……」

「いえ、僕はそういうつもりで言ったんじゃ……。夫婦愛と子どもへの愛は別物なわけですし……」

門脇さんが焦ってしどろもどろになりながら、取り繕った。

某月某日　**空気を読む**：なんてつまらない保育参観日

保護者にとって、保育参観日は「特別な日」である。ふだん子どもが保育園でどんなふうにすごしているのか、それを知ることができる唯一の機会なのだ。

しかし、たいていの場合、保育参観日は日常とかけ離れた非日常である。派遣

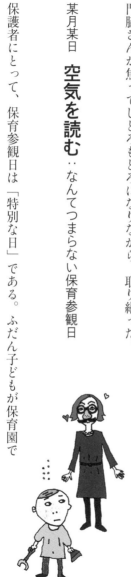

保育士になって以来、何度も保育参観日に立ち合ってきたが、保育士も子どもたちも、その日は別人*になる。

ふだんはお世辞にも上品とはいえない言葉遣いで叱責する保育士も、何度言われてもいたずらをやめない子どもも、この日ばかりは示し合わせたように「善人」を演じる。意識的なのか無意識なのかはわからない。卒園式にフォーマルな衣装を着てくるように、年端もいかない子どもたちでさえ保育参観日には礼儀作法を身にまとうのである。

乳児クラスでは、大好きなママやパパがそばにいると恋しがって保育どころではなくなる。主催者である園側としては、そうならないために保護者に変装をしてもらう*場合がある。保護者たちはかつらをかぶってサングラスをつけ、少し離れた物陰からわが子をのぞき見る。無関係な人が見ればただの不審者だが、そうまでしてわが子の様子を見たい親心はとてもよく理解できる。

その日、クラスに出勤するなり、いつもと違う様子にすぐ気がついた。子どもたちが静かに着席し、貴田さんが話す言葉にじっくり耳を傾けている。

その日は別人
保育士は終始笑顔を絶やさない。子ども一人ひとりに寄り添い、トイレに行く際の報告にも「行ってらっしゃい」とにこやかに送り出す。理想と現実の、まさに理想の世界がそこにはあって、私はふだんとの差にショックを覚えたものである。

保護者に変装をしてもらう
1～2歳児クラスにおいて、1日1組限定などのかたちで行なわれる。変装道具は園が貸し出す場合が多い。最近は保育参観に参加した父親がブログなどで自分の感想を綴っていて、「家ではスプーンで介助していたのに、保育園では自分で持って食べている!」などと驚く姿が面白い。保

保育参観日だとわかったのは、物陰にひそむ不審者に気がついたときである。夏でもないのに麦わら帽子を目深にかぶり、漆黒のサングラスをかけている。

私は、変装している保護者の前を軽く会釈して通りすぎた。どの子の保護者だろうか。補水のためのお茶*を人数分コップに注ぎながら、サングラスの視線の先を追った。

保育参観日のスケジュールを私は知らされていなかった。担任業務を受け持つ派遣保育士なら当然知っているが、事前に何か準備する必要があるのは試食*を提供する給食係ぐらいで、私にほとんど役割はないからである。

それにしても、３歳児クラスでなぜ変装が必要なのだろうか。３歳にもなればすぐに見破ってしまう。案の定、ひとりの女の子が何度も後ろを振り返っている。その目線の先には麦わら帽子に漆黒のサングラスをかけた女性。あろうことか、小さく手を振り返している。なんのための変装なのかとも思うが、その光景はほほ笑ましい。

少しでも長く参観したいという保護者の意向か、給食の配膳が終わる間際まで参観は続いた。貴田さんも子どもたちも、みな別人である。貴田さんは、今日は

育士なら思わずうなずいてしまう。

補水のためのお茶
給食やおやつと同様に、毎回保育士が試飲する。ある保育園の麦茶を試飲したとき、あまりのまずさに噴き出しそうになった。麦茶は粗熱をとっただけで生ぬるく、金属製のコップで飲むので鉄臭かった。こういうことも試飲してみないとわからない。

試食
園で子どもたちに提供されている給食を一口程度盛って試食してもらう。保育園によってはイベントとして「給食試食会」を開催しているところもある。保育園の味つけは基本的に薄味で、カレーやオムライスなどの濃い味つけに慣れた子どもたちには物足りないというのが正直なところ。

一度も子どもを叱っていない。そもそも子どもたちが叱られるようなことをしない。これほどつまらない参観*はない。

保護者は優しい保育士とトラブルのない子どもたちの様子に満足した様子で、何度も丁重に礼を述べて帰っていった。

その後の変わりようがすさまじかった。溜まりに溜まっていたマグマが噴き出すように、子どもたちは室内を走りまわり、おもちゃを投げ合った。

「いいかげんにしなさい！」いつもの貴田さんの怒声が鳴り響く。

日常が戻ってきたようで私は安心してしまった。

「子どもたちもストレスがたまっていたんですね」

私がつぶやくと、貴田さんが言った。

「生まれてまだ3年しか経っていないのにちゃんと空気を読む*んですよね」

返答する言葉に詰まったが、保護者が安心してまた仕事に打ち込めるならそれでいいだろう。ホッとした表情で子どもたちの元へ駆け寄っていく貴田さんの後ろ姿を見ながら、保育士と子どもたちは一緒に「保育参観」という劇を演じたのだと思った。

つまらない参観
保育参観には「保護者に子どもの成長や新たな一面を発見してもらう」「保育園に子どもを預ける不安を解消してもらう」「保育園と保護者のつながりを作る」「親子の時間を楽しんでもらう」といった狙いがある。ふだんどおりでなくても、これらの狙いが達成できれば良しとするか、それとも狙いどおりでなくてもふだんの生活を見せたほうがいいのか…難しい問題である。

空気を読む
保育参観の朝、保育士から話がある。「今日はお父さんやお母さんがみんなの様子を見に来ます」。こう言われて、ふだんどおりの生活ができる子がどの程度いるだろう。保

某月某日　ご法度：「どうして自分で片づけないの！」

花きりん保育園の朝は、ラジオ体操で始まる。園庭で行なわれる園児の体操には毎日、パート保育士の笠井順子さんも参加する。笠井さんは御年70。本来、園児と担任保育士とで行なうラジオ体操に「特別出演」するのである。

「笠井先生はね、ラジオ体操がお好きなんですって。ここで長く勤めてくださっているのも、ラジオ体操があるからとおっしゃってね。でもこのところ関節痛*が出て、『年齢のせいかしら』って」赤沢園長が教えてくれた。

園庭では、今日も笠井さんが思い切り前屈をしている。前後左右の子どもたちには目もくれず、リズムにやや遅れて腰を前後左右にひねったりかがんだり。

「ラジオ体操は65歳以上には向かないそうです」

後ろから声がして、振り向くと用務の門脇さんが立っていた。

「ほら、上半身を動かす運動が多くて、下半身を鍛える運動が少ないでしょう」

育士の言葉を訳せばこうなる。「今日はお利口さんでいてね。そうでないと、私たちもみんなも困るからね」。

関節痛
保育士の職業病は腰痛だけではない。小さな子どもたちと目線を合わせるために膝を折りかがむ、床に膝をつく、抱っこする、抱っこしながら立ち上がる…これらがひざ痛などのトラブルを引き起こす。腰痛やひざ痛が原因で保育士を退職するケースもある。

3人の大人が、園庭の老女を心配そうに見守っている。

「門脇さん、そのことを笠井先生に？」赤沢園長が静かに問う。

「いいえ、毎日毎日ああして頑張っていらっしゃるんで、とてもじゃないけど、ご本人にそんなこと言えません」

門脇さんが目を伏せると、赤沢園長は口元に手をあて「お気の毒に」とつぶやいた。


曇天の空から、やがて湿った風が吹き始めた。ポツポツと小さく降り始めたときには流れていた音楽も途切れ、保育士が子どもたちを保育室内に誘導する声に変わった。朝の予報では、天気は昼すぎに崩れると言っていたが、いくらか早まったようである。園児たちはあわただしく室内に入り、トイレに行ったり身支度を整えたり、思い思いにすごし始めていた。今日の散歩は中止だろう。

私が保育室に入ると、並田さんが眉間に皺を寄せている。

「大原先生、今日はヤバいですね。あんなラジオ体操ぐらいじゃ、この子たちには足りません。どこかで発散させないと午後にはたいへんなことになります」

好天時には屋外に出て走り回る園児たちにとって、雨天時にじっと室内で遊ぶことはかなりのストレスである。とりわけ男児は身体を動かしたくて仕方がない。我慢の限界を超えると保育室内で追いかけっこや戦いごっこが始まり、〝ヤバい〟ことになる。

「ホールは使えませんか？」

「ほかのクラスがホールを使うので、私たちは今日ずっとここです」

午前中の自由時間、早くもおままごとコーナーにはおもちゃの調理器具や食材が散乱していた。フェルトのピザ、ロープで作った麺類、プラスチックの調理器具・食器が床にぶちまかれていて、子どもたちはすでに別の遊びに夢中だ。

保育室の床におもちゃが落ちていると、園児が踏んでケガをしたり、転倒の原因になったりする。だから、なるべく早めに片づけて安全を確保する必要があるのだ。私は、床に散らばったおもちゃを一つずつ拾いあげ、それぞれの収納場所に片づけていく。

棚の仕切り部分に貼られた、置き場所を知らせるシール*が剥がれかけていて、何をどこに片づければいいのか迷いながら作業していると、

置き場所を知らせるシール
おもちゃの写真画像を切り抜き、透明の粘着テープで貼ってシールにしたもの。まだ字が読めない子どもたちが見てわかるように視覚的に支援している。しばらくすると、摩耗・劣化していて剥がれてしまう。たいていの子どもはすでに置き場所を覚えているので問題はない。

「それはここ。これはこっち」

修一君が教えてくれた。手には絵本を抱えている。

「これ、読んで」

「いいよ。ここを片づけるから、ちょっと待っててね」

半分ほど片づけ終えたところで、

「ちょっと、あなたたち、どうして自分で片づけないの！」

並田さんの金切り声だ。

「ねえ、見て！　大原先生が片づけてる。おかしいと思わない!?」

首筋に青い血管を浮き立たせ、これまでにない怒り方だった。並田さんは子どもたちのほうから私へ向き直ると、

「大原先生、そういうのは子どもたちにやらせてください。あの子たちが散らかしたんですから」そう懇願するように言った。

遠回しな言い方だったが、翻訳すると「どうして子どもたちに片づけさせないの？」ということだろう。

並田さんは保育士の資格を持っていなかった。この園での勤続年数は長いもの

の、そのことに引け目があるのを私は感じてもいた。

並田さんが「派遣」の私に直接指示出しをすることはご法度だ*。パートは派遣保育士に指示する立場にない。並田さんは立場をわきまえたうえで、私に〝注意〟したのだ。

「虎之介君、さっき遊んでいたでしょ！　今すぐ自分で片づけなさい！」

再び子どもたちに向き直った並田さんが腰に手をあてて双子の兄弟を睨みつける。双子の兄弟は片づけを始めるかと思いきや、二人してトイレに逃げ込んでしまった。

「片づけるように言ってもすぐ散らかすし、散らかしたら片づけないし……もう、どうしたらいいんですか？」

尋ねたのか責めたのか、自分でもわからない様子だった。

園児20人ほどのクラスに十数種類のおもちゃが置かれている。園児に片づけさせることが無意味だとは思わない。子どもの片づけが習慣化するまで、大人が一から教えていく必要はあるだろう。ただ、多すぎるおもちゃは片づける意欲をなくすだけではないか。

直接指示出しをすることはご法度
専業主婦からパート保育士になった人など、組織で働いた経験に乏しいと、平気で指示出しをしてくるので戸惑うことも。もっとも、担任保育士が「パートさんの指示に従って」と言えば、それは「指示」なので従うことになる。ただ、これまでそう言われたことは一度もない。

「おもちゃの種類が多すぎるんじゃないでしょうか。種類を減らすとか、散らかさないような工夫をすればいいのでは」

「貴田先生に言ってみます。私の立場では勝手に減らせないので」

並田さんが不満そうな顔でそう言った。

某月某日　虫嫌い：ヒーロー登場

虫の苦手なレン君が、壁面の小さな黒い点を指さしたまま、身動きひとつしなくなる。別の子が「あ、クモだ！」と駆け寄ると、ほかの子どもたちもわらわらと集まってきた。

「朝グモは殺すな*」の言い伝えどおり、私は生け捕りにして窓から外に放った。子どもたちは大騒ぎである。キャアキャアと群れ、いっせいに窓枠にへばりついた。

「今のクモ、名前を知っている人？」私はそう尋ねた。

朝グモは殺すな
ほかにも「朝のクモは福が来る、夜のクモは盗人が来る」という故事もある。諸説あるが、同じ種類のクモでも、朝なら逃

「知りませ〜ん」
「クモ！」
「むし！」
「わかんない！」

わかるはずはない。よほどのクモマニアなら別だが、私でさえ先日調べて知ったばかりなのだ。

子どもたちからの質問はいつも唐突である。

知っていて当然の顔で尋ねてくる。恐竜なのか、タレントなのか、虫なのか、私には皆目見当がつかない。休憩時間中にスマホで検索してみると「ポケモン」のキャラクターらしい。次に聞かれたら答えられるように*すぐさまインプットだ。

「せんせ〜、ルカリオってでしょ」

先日もクモを見つけた園児に「これ、なんていう虫？」と尋ねられた。「これはクモだよ」と言うと、「それは知ってるよ」と言われてしまった。私は家に帰ってインターネットで調べていた。ようやくその成果を発揮するときが来た。

「『アダンソンハエトリ』というそうです」

がし、夜なら殺すというどこか不条理なことをしてしまうのがわれわれ人間なのかもしれない。

聞かれたら答えられる
保育のことをよく知っていても、子どもの世界を知らないのはプロ意識に欠けると私は考えている。以前、「先生はおもちゃ売り場で何買う？」とふいに聞かれた。そういえば、ここ何年もおもちゃ売り場に足を運んでいない。それ以来、流行のおもちゃを把握しておこうと、おもちゃ売り場があれば立ち寄って偵察するようになった。

「……アダントン……なに？」

「もう一回、いって！」

子どもたちはクイズに夢中になり、外に放り出されたクモのことなどもう忘れている。

「『アダンソンハエトリ』です。お家でも、ぴょんぴょん跳ねるクモ、見たことない？」

「ある！」

「ない！」

「わたしもある！」

インターネットで調べたところによると、「アダンソンハエトリ」は、毒もなく、巣も作らない益虫だそうだ。ダニやゴキブリ*の幼虫を食べて退治してくれるのに、なぜか嫌われている。姿態の気持ち悪さが勝っているのだ。

嫌われるクモに対して、園児たちが好きな虫がいる。ダンゴムシだ。園庭のダンゴムシはすぐに園児たちに捕獲される。力の加減がまだよくわからない子どもたちはたいてい誤って殺してしまう。嫌われ者のクモは生き延び、人気者のダン

ゴキブリ
保育園でもごくたまに出現する。近隣の住宅から侵入してくる場合もあり、必ずしも園が不衛生というわけではない。虫には免疫のある私もゴキブリだけは別で、保育室に現

ゴムシは死にたえる。

「昆虫さんも生きています。そっとしておいてあげましょう」

そう注意するが、時すでに遅し。バケツの中は、いつのまにか天に召されたダンゴムシたちでいっぱいになる。うるわしい瞳の子どもたちは無垢ゆえに恐ろしい。


園庭に植えられたインゲンの苗が育ち、ツルは螺旋《らせん》を描いて、テラスの天井まで達しようとしていた。子どもたちは「インゲンさん」と呼び、その成長を楽しみにしている。

ところが、今日、私が出勤してくると、インゲンの葉っぱが穴だらけになっている。私がインゲンの葉をしげしげと眺めているのを見た貴田さんが言った。

「それ、カナブンに食べられちゃって」

「カナブンですか」

「ほら、そこにいるでしょう。葉っぱ、食べてますよ」

ここ最近、老眼*ぎみの私はじっと目をこらした。たしかに２、３匹の昆虫がイ

れると右往左往することになる。とはいえ、ゴキブリに強いという保育士もなかなかおらず、保育士みんなが騒然とする。

老眼
40歳をすぎたころから、年々、手元の文字が読みづらくなってきた。保育士は書類仕事も多く、午睡当番時など、暗がりで文字を読み書きしなければならないときもあるため、老眼鏡を購入した。かけてはみたものの、マスクをしているとメガネが曇るのと、まだなんだか恥ずかしいため、メガネケースに眠らせている。

ンゲンのツルにくっついて残った葉をむさぼるように喰っている。

近くで聞いていた園児が「先生、とって、虫！」と貴田さんにまとわりついた。

「え～、先生、虫、苦手なのよ～。ゴメンね～」

子どもの願いといえど、貴田さんにも拒否権がある。

「大原先生、カナブンさわれますか？」

貴田さんが顔をうかがいながら、話を振ってきた。私の幼少期の遊び場は雑木林*、あらゆる虫に囲まれて育ってきた。朝飯前だ。

「はい、大丈夫です」と言って、インゲンの葉の虫に手を伸ばす。

「先生、虫さわれるの？　すご～い！」

虫を恐れない私は一躍、園児たちのヒーローとなった。

強く引っぱって茎から離した2匹を子どもたちへ手渡そうとする。「うわ～！」「きゃ～！」悲鳴をあげて逃げていく園児がいる一方、龍之介君と虎之介君が興味津々で手を差し出して受け取った。

都会の保育園で昆虫に触れる機会は少なく、せいぜいクモやダンゴムシ、セミぐらいである。いろいろな生き物を知る、良い機会だ。だが、私には気になるこ

幼少期の遊び場は雑木林
昭和50年代、私が暮らした新興住宅地の周辺には、まだ未開発の土地が数多く残っていた。空き地ではタコ揚げ、雑木林では昆虫採取にいそしむ毎日だった。今ではその跡形もない。

とがあった。

「貴田先生、さきほどの昆虫、カナブンじゃなくて、コガネムシですね」

「コガネムシ……」貴田さんは戸惑っているようだった。「カナブンとは違う虫ですか？」

「似てますが、違う虫です。カナブンは益虫ですが、コガネムシは害虫です」

さんざん「カナブン」を悪者*にしていた貴田さんは頬を赤らめた。

子どもたちはインゲンのことなどもうすっかり忘れ、コガネムシを持った龍之介・虎之介兄弟のまわりをぐるりと取り囲んで、大騒ぎである。

「せんせ～、これ、飼う？」龍之介君が聞くと、貴田さんが強く首を横に振る。

「それじゃあ、逃がしてあげよっか？」

私がそう言うと、龍之介君が少し考えてからうなずいた。龍之介君がそっと手渡してくれたコガネムシを私は窓から外へ放り投げた。

「カナブン」を悪者
テントウムシのように、食性で益虫にも害虫にもなる虫もいる。ナナホシテントウやナミテントウなどは野菜の樹液を吸いアブラムシを食べてくれる肉食系の益虫、ニジウヤホシテントウなどは野菜の葉や実をかじって食べてしまう草食系の害虫である。もっとも人間の都合で分けたにすぎないので、子どもと話すときはどちらも「虫さん」である。

某月某日　クレーマー：怒りの原因はどこ？

更衣室の木製のがたついた扉を引くと、その内側にさらに目隠し用のカーテン*がぶら下がっている。着替え中の保育士の目隠しなのだろうが、更衣室の乱雑さを覆い隠すためにも思えた。脱ぎ捨てられたエプロン、食べかけの菓子、ペットボトル……雑多な品々が所狭しと置かれ、その様子はとてもじゃないが子どもたちに見せられたものではない。

朝9時すぎ、私は着替えのために、軽く息をとめて更衣室の扉を開ける。更衣室には若い保育士の制汗剤スプレーと汗が混じり合った臭気*が立ちこめている。

「この保育園には男性用の更衣室はないのですか？」

隣で着替えている派遣保育士の甲賀しおりさんに尋ねる。この保育園において、彼女は私の1カ月先輩だ。

「ないですよ。今は、備品倉庫の隣の小部屋で着替えているんじゃないですか」

目隠し用のカーテン
保育園の更衣室は、扉を開けると保護者らも歩く廊下とつながっていることも多い。外から中が丸見えになるのを防ぐためのカーテンだが、頻繁に出入りする時間帯だと開けっ放しにされる。

臭気
最近では、子どもたちの衣服から柔軟剤や洗剤の強烈なニオイが漂うことがある。いわゆる「香害」だが、あまりにニオイが強いと、思わず子どもを遠ざけたくなって

花きりん保育園には男性保育士*が1人いて、0歳児クラスを担当していた。20代後半で妻子持ちらしいが、休みがちであまり姿を見かけず、私は2〜3回しか顔を見たことがなかった。

「今の時代、男性保育士も増えているのに*かわいそうですよね。あの小部屋、エアコンがないから、夏は蒸し風呂ですよ」

甲賀さんはそう言うが、臭気立ちこめるこの女性更衣室とくらべれば、私はエアコンなしを選ぶだろう。

「でも、ここ、トイレの『汚物はお持ち帰りください*』って信じられますか？　生血を吸ったナプキンを保育中も持ち歩くんですよ」

甲賀さんの愚痴が始まりそうだったので、私は手早く着替えを済ませると「じゃあ、お先に」と保育室に向かった。

途中、白いタオルを何枚も抱きかかえる門脇さんと鉢合わせた。

「それ……？」

「ぞうきん用のタオルです。副園長に頼まれてこれからミシンがけです」

「門脇さん、ミシン使えるんですか？」

しまうことも。こんなに強烈なニオイのする衣服を長時間、身に着けていて問題ないのだろうかと思ってしまう。

男性保育士
わが子を保育園に預けていたとき、男性保育士に娘のおむつ替えをされるのにどうしても抵抗感がぬぐえなかった。当時、男性ベビーシッターが、預かっている子どもにいたずらをして逮捕されたという報道もあったりした。真面目に勤務している男性保育士からすれば、そんな目で見ないでほしいという気持ちはあるだろう。それでも「わが娘だけは…」と思ってしまうのはよくないことなのだろうか。

男性保育士も増えている
厚生労働省「保育士登録者数等（男女別）」によると、令和2年4月時点

「簡単な補修ぐらいです。たいしたことじゃありません」

どれだけ頑張ってもボタンづけが精一杯の私には門脇さんが英雄に見えた。

「男性でミシンが使えるって、カッコイイですね。あっ、でも、今は男性だからとか女性だからとかそういうことを言ってはいけない時代ですかね」私が慌ててフォローすると、「時代が変わったんでしょう」と門脇さんが言った。

保育室に入ると、3人の男児がままごとコーナーを占領し、女児たちはプラスチックの組み立てブロックで城を建てている。ジェンダーフリーの波は3歳児のクラスにも容赦なく覆いかかっている。

女児たちが建築中の城は、彼女らの背丈ほど高く積み上げられ、ピサの斜塔のように傾いていた。

「そんなに高く積んだらダメ！　そういう遊び方*するんだったらブロックはもう出しません」

並田さんが注意した瞬間、細長い城は大きく右側に傾くとそのまま派手な音を立て倒れた。城壁が周囲に飛び散り、子どもたちは歓声を上げて大喜びである。

それを眺める並田さんが穏やかな気持ちではないことは明らかだった。


で、男性保育士の登録者数は8万2330人（女性は158万3219人）。

汚物はお持ち帰りください
花きりん保育園では「使用済みの生理ナプキンは持ち帰る」というルールがあった。最初に聞いたときは驚いた。おむつは園で処分しているのに…。

そういう遊び方
保育園では、園児が自由な発想で好きなように遊ぶことはなかなか難しい。万が一、不適切な遊び方でケガをさせてしまったら、保育園の責任が問われるからだ。なので、こ

「ケガさえなければいいんじゃないですか」

笑い転げている子どもたちを見ながら私は取りなすように言った。

「もちろんそうですが。でも、万一のことがあったときに……。保護者からのクレーム*だって尋常じゃないですよ」

並田さんの話を聞きながら、かつてわが子を保育園に預けていたころのことを思い出した。

ある日、夕方のお迎え時、わが子の片方の頬に斜めに入った裂傷を見て、私は怒りを抑えることができず、担任の保育士をにらみつけた。

「これ、どうしたんですか？」

「お友だちに顔をつかまれて……その子の爪が少し伸びていたものですから……。病院で診てもらってください」

「まず保育園のどなたかが先に連れていくべきだったのではないですか！」

私の剣幕を見て、担任が園長を呼びに行った。すぐに事務室から出てきた園長は、ふだんはおとなしい私が憤慨《ふんがい》していることにひどく驚いていた。

「本当に申し訳ありません」

のおもちゃはこういう遊び方、あのおもちゃはああいう遊び方と保育士が遊び方についても注意する。園児の独創的な発想力を阻害してしまい、残念な気もする。

保護者からのクレーム
「あの保育士はこの前、無愛想であいさつもしなかった」などというクレームもあるのだという。保育園としても無視するわけにもいかず、当人に注意し、保護者にもその旨報告するのだという。保育士も人間、疲れているときもある。いつも聖人君子でいることもできない点はご理解いただきたいものだ。

「どうしてすぐに病院へ連れていっていただけなかったのですか？　痕が残ったらどうするんですか」

今にして思えば、裂傷といっても、かすり傷である。周囲で見守っていた数人の保育士とお迎えに来ていた親たちは、突如現れたモンスターペアレント*を前に固まっていた。

園長と向かい合っていると、自分が急速に冷静になっていくのを感じた。ふだん怒り慣れていない人間が怒りを持続させることは不可能なのだ。私たち二人のまわりをほっぺにガーゼを当てた娘が元気に走り回っていた。

「本当にごめんなさいね、痛い思いをさせてしまって」

瞬間的に沸点に達してしまったものの、こうして園長に平身低頭謝られると、かえってこちらが申し訳ない気持ちになってくる。最終的に、初診はこちら*が、再診は保育園の看護師が行なうということで丸く収まった。帰り道、子どもの手を引きながら、なぜあんなにも怒ってしまったのか自問自答していた。

わが子を守るというのは母親の本能なのだ。本当なら、自分の手元で守ってやりたいのにそれができない。そういう自分の不甲斐なさをいきなり突きつけられ

モンスターペアレント
保育園に対して自己中心的かつ理不尽な要求をする親。私が現場で耳にしたケースでは「登園時にごねるので迎えに来てほしい」というものがあった。

初診はこちら
保育中のケガは園の責任なので、初診も再診も園側が行なってくれる場合がある。ケースバイケースではあるが、たいていは初診が保育園、再診は保護者となることが多い。

たことに対する自己防衛なのだろう。怒りというのは、不安や恐れの裏返しなのだ。そう思うと、私の怒りの原因が子どものケガだけではなかったような気がしてくるのだった。

保育士になってはじめてわかったのだが、子どもばかりの集団生活でケガを未然に防ぐことは、ボクシングで打撲を防ぐのと同じくらい難しい。

「あのクレーマーが保育士になり、やっとみなさんのご苦労がわかりました」

学童保育の会合や、保育士たちの研修のタイミングで、当時の園長や保育士たちと偶然に会う。彼女らと顔を合わせるたびに、私は深く頭を下げている。

某月某日　豆まき：リアルすぎる鬼の悲劇

午後、子どもたちのあどけない寝顔のすぐそばで、私は鬼の面を作っていた。赤と青の画用紙を鬼の輪郭に合わせて切り、目・鼻・耳・口と顔のパーツを用意する。昼寝後の子どもたちが目や鼻を福笑いのように置いて糊で貼りつけ、毛糸

この際は私の有給休暇がほとんど残っておらず、仕事を休んで再診する時間が取れないと申し出たところ、このような対応となった。園側としても人員に限りがあり、できれば保護者にお願いしたいところだが、ケガの責任は園にあるため無理強いはできない。

を使い植毛して、鬼の面を完成させる。

果たして、子どもたちの手によって制作された鬼は、同じパーツを使っているのに一つとして同じものがない。目や眉、口の置き方ひとつで表情は変わり、怒ったような鬼もいれば、虚弱そうで泣き出しそうな鬼もいる。季節は節分*を迎えていた。

「今日の節分、豆まきは本物の豆を使うんですか？」そう私が問うと、

「まさか！　掃除もたいへんですし、落ちた豆を食べるわけにはいかないので、丸めた紙を豆に見立てるんです」と並田さんが解説してくれた。

「それじゃあ、鬼も来ます？」

「ええ、もちろんちゃんと来ますよ」

「鬼、誰がするんですか？　園長先生*？」

「園長先生はされないみたいですよ。じつは昨年、園長がされた鬼が本格的すぎて、子どもたちが結構泣いてしまって。それで『来年はもういい』って」

「子どもたち、泣いちゃいましたか」

「なまはげみたいでかなりリアルだったんですよ」

節分
年度末行事の一つで、子どもたちも保育士も楽しみにしている。鬼がどこからともなくやって来る非日常感に当日は園内大騒ぎである。乳児クラスでは毎年、鬼を見たショックで大泣きする子、さらにつられ泣きする子が数名現れる。

園長先生
どの園でも、園長先生は長年、保育現場で保育に携わってきた神さまのような人だ。暴君のような神さまもいれば、赤沢園長のように聖母のような神さまもいる。あちこち

悪さも何もしていない園児の前に突然現れるリアルな鬼。いくら季節の行事とはいえ、脅えて泣く子がいるとすれば、かわいそうな気もする。

園庭を見ると、粉雪が舞っていた。保育室も心なしか冷えて、時計を見上げるとまもなく4時だった。

園の玄関で掃き掃除をしている用務の門脇さんに尋ねられた。

「今日は鬼が来るんですって？　大原先生がやるんですか？」

「えっ、門脇さんじゃないんですか？」私は軽く笑った。

「僕じゃありません。鬼役は大原先生にぴったりだと思っていたのですけど……」

おやつを食べ終えた子どもたちが思い思いにすごしていると、廊下がザワザワして、他クラスの園児の叫び声が聞こえてきた。

いよいよ始まる。私は心の準備をして、子どもたちの様子を見ながら保育室のドアに近づいた。子どもたちの視線がいっせいに集まる。どの顔も緊張し、何が出てくるか身を固くしているのが伝わってくる。私は大げさにドアに耳をあて、

の園で働くうち、私は保育園にも八百万の神がいるのだと考えるに至った。

園児たちに向かってシッと口元に人差し指を当てる。

そのとき、園庭につながるバルコニーの端に赤い鬼がチラッと見えた。

「来た！」私は園児たちの背後を指さし、大声を上げる。

園児たちが勢いよく振り返り、バルコニーの端にいる赤鬼を発見する。

ギャ〜！

いっせいに悲鳴があがるのをきっかけに、並田さんが子どもたちに紙製の豆を手渡す。

「みんな、鬼に向かって、豆をぶつけるよ！」

「鬼は外〜！　福は内〜！」室内に可愛らしい声が響いて、わけがわからず立ちすくんでいた子も次々に豆（紙片）をつかみ始めた。

「鬼は外〜！　福は内〜！」

ガラスの扉に当たって、紙製の豆は勢いよく跳ね返り、またその豆を拾っては投げつける。興奮し楽しんでいる子もいれば、驚き恐がって保育士にしがみつく子もいる。

一挙手一投足がオーバーかつスローモーな鬼は扉をそろそろと開けると、頭だけ室内に入れて、ぐるりとあたりを見回した。ビニール製の鬼のお面なのだが、頭に載せた毛糸の髪の毛が顔半分を覆い、妙なすごみが演出されている。なかなかリアルだ。

ギャ〜！

再び子どもたちの悲鳴があがる。

「先生も、早く！」

子どもに促され、紙の豆を渡された私は鬼めがけて全力で投げつけた。

「あっち行け！　あっち行け！」

豆が直撃すると、鬼は「助けて〜」と言い残し、頭を抱えて退散した。

「やった〜、やっつけた〜」子どもたちは大喜びである。

紙製の豆が散らばった保育室で、子どもと保育士がちりぢりになって腰を下ろしていた。誰もがまだ興奮冷めやらぬ様子で余韻を楽しんでいる。

すると「お福さま*がいらっしゃいました〜」と廊下で声が響いた。

扉が開き、そこに着物を身にまとった赤沢園長が現れた。

お福さま
本来、節分は「鬼を払う」というより、「福を呼び込む」ための習わしなのだという。狂言の物語では、暴れまわる鬼たちを豆まきで追い払ったものの、豆が尽きて再び鬼が暴れまわり手に負えなくなり、そこへ救世主としてお福さまが現れる。お福さまが優しいほほ笑みで鬼の怒りを鎮めると同時に優しく諭し改心させた、という。なかなか奥が深い行事である。

「みなさん〜、鬼を退治できましたね〜。鬼を退治できた良い子に今からいいものをあげます」

木製の三宝台の上には、黒豆を包んだ袋がいくつも載っていた。赤沢園長扮するお福さまが子どもたちの目前にゆっくりと三宝台を置く。昨年、鬼役で懲りた反省から、今年はお福さま役を選んだのだ。

「年の数だけ食べてね。3つかな、4つの人もいますね。幸せが訪れますように〜」

子どもたちが顔を見合わせ、そわそわとするのを見守りながら、私は小分け用の小皿を子どもたちの前に並べていった。

お福さまから手渡された小袋をあけ、中から黒豆を取り出すと、子どもたちはおのおの小皿において、指でつまんで食べ始めた。

「おいしい〜!」「もっとほしい〜」子どもたちには大好評である。

「おかわりがほしい人、手をあげてください」と並田さんが声をかけた。

降園の準備が始まり、子どもたちには各自で作った鬼のお面を持ち帰らせる。

誰もが嬉しそうに面を手にとり、今日一日の出来事を迎えにきた保護者に報告する。保育園でさまざまな経験を重ねるわが子を、仕事帰りの保護者が目を細めて抱きしめる様子は何度見ても心が温まる。仲睦まじく帰っていく親子の姿を目で追っていると、後ろから声をかけられた。

「大原先生」

振り返ると、貴田さんが立っていた。

「豆、たくさん投げていただいて、*ありがとうございました」

「赤鬼、貴田先生だったんですね……」

「適役キャストですね」とノドまで出かかって、私はその言葉を飲み込んだ。

某月某日　卒園式：なんとありきたりな別れの言葉

ひな祭り*が終わって、ひな人形*を手分けして片づけているとき、赤沢園長が周囲を気にしながら手招いた。

たくさん投げていただいて
新聞紙を固く丸めた紙の豆は、至近距離で当たると結構痛い。そのことに気がついたのは、貴田さんに「たくさん投げていただいて」と言われたあと。考えてみれば、紙なのである程度重くしなければ遠くまで飛ばない。密度を高めて丸めれば、自ずと固くなり、重さも加わって当たれば痛いのだ。

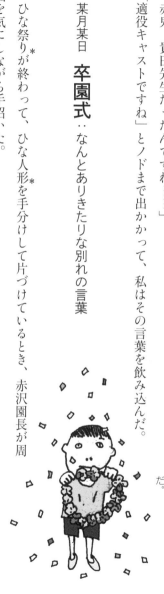

「大原先生、来年度*のことですけどね。引き続き勤務してほしいけど、派遣じゃないと難しい？」赤沢園長が低くくぐもった声で尋ねた。

「大原先生なら、『会計年度任用職員*』に推薦できると思って、連絡先を持ってきたんですよ」

私は、花きりん保育園に「産休代替要員」として派遣された。派遣期間は9カ月だから、本来なら3月末をもって派遣期間が終了することになる。派遣契約終了後、派遣会社ではなく、自治体と契約して非常勤職員にならないか、というのが赤沢園長の提案である。ボーナスも退職金も支給される会計年度任用職員に推薦してくれるというのは赤沢園長の好意だろう。

派遣のほうが時給は高いが、ボーナスは出ない。トータルで換算すれば、どっこいどっこいというところだろうが、決定的に違うことがひとつあった。それは「兼業禁止規定*」である。派遣なら兼業はＯＫだが、「会計年度任用職員」になれば兼業は禁じられる。しかし、あからさまに理由を告げるのは気が進まなかった。

「会計年度任用職員のお話はありがたいのですが、事情があって、勤務は3月末までということでお願いします」

ひな祭り
「節分」のあとにやってくる年度末行事。この年のひな祭り当日は私の出勤日ではなく、行事に参加することはできなかった。派遣保育士の場合、運動会や発表会などのイベントは出勤日であれば参加（仕事）するし、出勤日でなければスルーである。

ひな人形
多くの保育園が昔ながらの七段飾りである。都心ではマンション暮らしの園児も多く、園のひな飾りの立派さに驚く子も。社会人になって、こうした季節の行事を園児たちと一緒に経験できるのも保育士の醍醐味の一つだ。

来年度
12月には派遣元から次年度の意向を尋ねられる。ただ、実際に契約更新されるか否かは3月に入る

「居心地でも悪かったんでしょうか。こうしたほうがいいということがあれば、遠慮なく言ってほしいです。私たちもそのほうが……」

「居心地はとても良いです」

「じゃあ、なんで？」

私は答えに窮した。

長年、保育士一筋で生きてきた赤沢園長に、パラレルワーカー*の生き方が理解してもらえるだろうか。いくつもの仕事がそれぞれに本業だと言っても、ただの飽き性だと思われないだろうか。

「子どもたちにとって、そのほうがいいと思いますので」

「……わかりました」

これ以上引き留めても無理だと悟ったような顔で、赤沢園長はしぶしぶうなずいた。私は、長年の経験から「子どもたちにとって」というのが魔法の言葉であるということを知っていた。赤沢園長と私はそれ以上何も話さなかった。私は頭を下げ、事務所をあとにした。


まで明確でない場合もあり、契約するにしても、正式に雇用契約書を交わすのは3月下旬ごろとなる。

会計年度任用職員
地方公務員法の改正にともない、令和2年度から新たに設けられた非常勤職員の制度。制度導入以前は「臨時職員」「非常勤職員」などと呼ばれていた。新たに登場した会計年度任用職員の場合、任用期間が最長1年（それまで臨時職員、パート職員の任用期間は6カ月だった）となり、再度の任用の制限もなくなる。制度上は、ボーナスも退職金も支給される。ただし、実際はボーナス分だけ時給が下げられたり、退職金の支給条件をギリギリ下回る雇用契約になっていたり、けっして待遇が良いとはいえない。

週が明けて、週末の金曜日が卒園式だった。当日が出勤曜日だった私はいつもどおり出勤した。保育士になってから、卒園式に出席するのは初めてだった。

「いや〜、なんだかあっという間でしたね」

ふだん見慣れない保護者たちがひしめき合っていると思ったら、セレモニースーツに身を包んだ保育士たちだった。貴田さんも並田さんも雰囲気が全然違う。とりわけ卒園していく最年長クラスの担任はヘアスタイルもばっちりである。胸元には上品なコサージュが飾られ、早くも目に涙をためている保育士もいる。

3歳児クラスの子どもたちも卒園式に招かれていた。時間になると、指定されたスペースまで整列して歩き、到着すると素直に車座り*して待っている。ところが、式が始まるころになると、それぞれの姿勢が怪しくなってくる。集中力が持たず、転がったり立ち上がったり……。ときどき指摘するものの、今日ばかりは貴田さんも並田さんも怒鳴り声を封印して見守っている。

私は、子どもたちの最後列に着座し、寄りかかってくる2人の子どもの背中を両手で支えていた。お祝いの音楽が演奏され、卒園式が滞りなく進行していく。離任式も兼ねていて、異動になる職員が一人ずつあいさつを行ない、残り数名と

兼業禁止規定
公務員は、国家、国民のために働く「奉仕者」としての使命を担っている。その職務に対する責任がある以上、営利を目的とする私企業の経営、私企業に勤めて報酬を得る行為は慎む必要があるとされ、副業も必然的に禁止である。例外はあって、不動産投資や株式投資、家業手伝い、講演・執筆活動などは所属長の承認を得ることで許される。近年は「働き方改革」の影響もあって、公務員の副業解禁が進んでいるが、無許可で副業すれば罰則や処分を受けることもある。

パラレルワーカー
2つ以上の仕事を並行して行なう人のこと。私の場合、長年一つの組織に所属してきたが、そこで勤めあげることのリスクも感じてきた。自分の

いうときだった。スーツ姿で司会を務めていた赤沢園長が、私に微笑みかけてきた。

「大原先生、一言お願いします」

3歳児クラスの子どもたちがいっせいに振り向く。どういうわけか、派遣保育士の私まで退任のあいさつ*を求められた。これまた初めての経験だった。

ただでさえ胸がいっぱいの卒園式である。何を話せばいいのか、私は柄にもなく動揺してしまった。

「じつは大原先生もこの3月末でお別れです。今までいっぱい遊んでもらいました」

私がまごついているあいだ、赤沢園長がうまく時間を作ってくれた。花の首飾りをかけた卒園児たちが、担任の保育士に優しく背中を押されながらその場に立ち尽くしている。

派遣保育士にとって「別れ」は日常茶飯事である。それでも駆け出しの保育士である私にとって9カ月という歳月は短くなかった。鼻の奥がツンとしたが、「派遣の私が泣いてはいけない」と自分に言い聞かせていた。

キャリアやスキルを複線化することはシングルマザーとして生きていくためのリスクヘッジという意味合いもある。

車座り
「体育座り」「三角座り」ともいう。小・中学校でもなじみ深い座り方だが、近年、腰に負担がかかって内臓を圧迫するとして廃止する学校も出てきた。この座り方の発端は、昭和40年に発刊された文部省の「集団行動指導の手引き」。この中で「腰を下ろして休む姿勢」として紹介されたことでこの座り方が学校で広く導入された。

退任のあいさつ
それまで前の職場などでも数多くの退任のあいさつを聞いてきた私としては「長いあいさつは悪」と信じている。昔、上司がごく短いあいさつをし

「卒園おめでとうございます。私もみなさんと一緒に卒園しますが、またどこかで会えることを楽しみにしています。ありがとうございました」
なんとありきたりな、つまらない別れの言葉だろう。これまですごした濃密な9カ月間の締めくくりがこれである。ただ、案外そんなものかもしれないとも思った。

私が頭を下げると、修一君がすっくと立ち上がり首飾りをかけてくれた。首飾りには小さなメッセージカードが添えられていた。
「いっぱい　あそんでくれて　ありがとう」
私が子どもたちの育ちを支えたのと同時に、子どもたちが私の成長を支えてくれた*のである。

て去っていったとき、あまりの短さに感嘆し「おおっ！」という声を発して別の上司からにらまれた。でも、どうしたって短い言葉で「さよなら」してくれたほうが心から「ありがとう」と思えるものではないだろうか。

私の成長を支えてくれた
よちよち保育士だった私を、子どもたちが成長させてくれた。わが子もそうだが、親が子を育てるというより、子が親を育てるのではないかと思う。この感覚は多くの大人の方がお持ちなのではないかと考えている。子どもたちに「先生こそ、みんなにありがとうって言いたいよ」と言うと、子どもたちはきょとんとした表情をして「え、なんで？」と聞き返してきた。

あとがき――心躍る場所で

2023年4月、「こども家庭庁」*が発足する。こども政策を担当する大臣が誕生し、保育園の管轄は「厚生労働省」から「こども家庭庁」になるという。その理念は「こどもまんなか」だそうだ。国が組織を作り、制度を推進し、子ども目線でさまざまな問題を解決していくのだという。

だが、実際に保育現場で子どもたちに接するのは、いつだって保育士たちである。感情労働に肉体的な負担、重すぎる責任……そうした状況下、お世辞にも高給とはいえない待遇で懸命に働く保育士たちの姿を見ながら、

「自分で選んだ道なら、試練も喜びに変えられる。人生は、どう生きればいいのかわからないから面白い。目の前の子どもたちに、日々そのことを気づかされるのだから」

と心の中でエールを送っている。

こども家庭庁
内閣総理大臣、こども政策担当大臣、こども家庭庁長官を筆頭に、企画立案・総合調整部門、成育部門、支援部門という3つの部門で構成される。縦割り行政の廃止によって、切れ目のない支援、すべての子どもに抜け落ちることのない支援をするという。ただ、今回のこども家庭庁の創設にあたっては、文部科学省が管轄する「幼稚園」と、厚生労働省が管轄する「保育所」を一体化する「幼保一元化」は見送られることになった。

私にとって、保育現場は数多《あまた》のアトラクションがひしめくテーマパーク＊より、はるかに心躍る場所だ。園児たちの笑顔に囲まれ、時には泣かれ、時には慰められ、子どもたちと触れ合う歓喜が来る日も来る日も私の元へ押し寄せてくる。

50歳を目前にして、保育士人生であとどのくらいの子どもたちと時間をともにすごせるか、そんなことを考えるようになった。園児たちは、私の老眼も腰痛も物忘れもまったく容赦しないだろう。「死ぬまで現役」と言いたいところだが、「子どもの安全・安心を守れるまで」現役でいられれば本望である。

子どもたちといると、私の人生はより深く、より豊かになる。保育園での日常は、どれもありふれて骨が折れることばかりだとしても、その一つ一つは神秘的な発見や成長の可能性に満ちあふれている。

もうすぐ新年度を迎える。これから、どんな園に派遣されて、どんな子どもたちと出会えるか、それを考えるだけで私は今からワクワクしてしまう。

２０２３年3月

大原 綾希子

テーマパーク 本作執筆のきっかけは、三五館シンシャの日記シリーズ既刊『ディズニーキャストざわざわ日記』を読み、私にも『保育士日記』が書けるのではないかと思ったことだった。園児が水たまりを飛び越え損ねてビショビショになるように、私も「このくらいできる」と跳んでみたが同じ具合だったかもしれない。それでも「思考は現実化する」と常日頃思っている私は今回の執筆でそれを証明できたことを嬉しく思っている。

大原綾希子◉おおはら・あきこ
1974年、京都府生まれ。大学卒業後、人材派遣会社、団体職員を経て、40歳をすぎて一念発起し、保育士資格を取得。正社員として就職するものの、勤務早々に「ブラック保育園」とわかり、1週間で退職。あこがれの「保育士」をあきらめきれず、派遣保育士に。孤高のフリーランスとしてさまざまな保育園に勤務する中で見えてきた、リアルな保育業界の実情を本作につづる。

保育士よちよち日記

二〇二三年　四月　一日　初版発行
二〇二三年　四月　八日　二刷発行

著　者　大原綾希子
発行者　中野長武
発行所　株式会社三五館《さんごかん》シンシャ
〒101-0052
東京都千代田区神田小川町2-8　進盛ビル5F
電話　03-6674-8710
http://www.sangokan.com/
発　売　フォレスト出版株式会社
〒162-0824
東京都新宿区揚場町2-18　白宝ビル7F
電話　03-5229-5750
https://www.forestpub.co.jp/

印刷・製本　中央精版印刷株式会社

ISBN978-4-86680-929-8

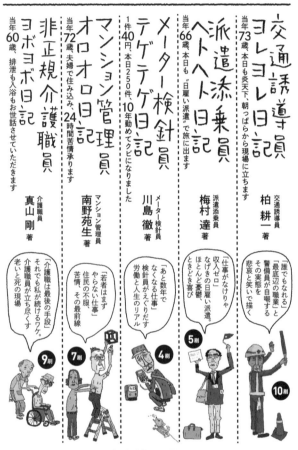

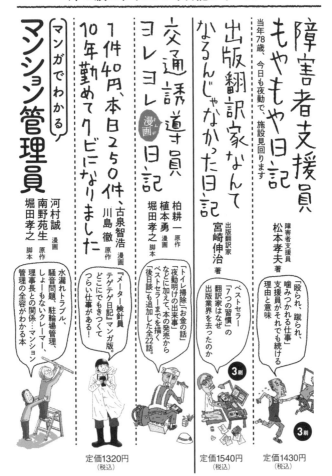